Ausführliches Verzeichnis der

Guttentagschen Sammlung

Deutscher Reichs- und Preußischer Gesetze

— Text-Ausgaben mit Anmerkungen; Taschenformat —

welche alle wichtigeren Gesetze in unbedingt zuverlässigen Gesetzestexten und in mustergültiger Weise erläutert enthält, befindet sich hinter dem Sachregister.

Guttentagsche Sammlung
Nr. 32. Deutscher Reichsgesetze. Nr. 32.
Text-Ausgaben mit Anmerkungen.

Das Reichsgesetz, betreffend die

Gesellschaften mit beschränkter Haftung.

Text-Ausgabe mit Anmerkungen und Sachregister

von

Ludolf Parisius und **Dr. Hans Crüger.**

Neunte Auflage

bearbeitet von

Dr. Hans Crüger.

Berlin 1907.
J. Guttentag, Verlagsbuchhandlung,
G. m. b. H.

Vorwort.

Das Gesetz vom 20. April 1892 ist durch Artikel 11 des Einführungsgesetzes zum Handelsgesetzbuch vom 10. Mai 1897 in einer Reihe Bestimmungen abgeändert; durch Artikel 13 dieses Gesetzes ist der Reichskanzler ermächtigt worden, das Gesetz betreffend die Gesellschaften mit beschränkter Haftung, wie es sich aus den in Artikel 11 des Einführungsgesetzes zum Handelsgesetzbuch vorgesehenen Änderungen ergibt, unter fortlaufender Nummernfolge der Paragraphen und Abschnitte durch das Reichs-Gesetzblatt bekannt zu machen. Der Reichskanzler hat von der Ermächtigung Gebrauch gemacht, und im Reichs-Gesetzblatt Nr. 25 (ausgegeben am 14. Juni 1898) den Text des Gesetzes betreffend die Gesellschaften mit beschränkter Haftung in der vom 1. Januar 1900 an geltenden Fassung bekannt gemacht.

Inhaltsverzeichnis.

Abkürzungen.

Zahlen ohne weiteren Zusatz bezeichnen die Paragraphen dieses Gesetzes.

AG.[4] = Gesetz, betreffend die Kommanditgesellschaften auf Aktien und die Aktiengesellschaften. Vom 18. Juli 1884.
AktG. = Aktiengesellschaft.
Begr. I[1] = Begründung des Entwurfs I.
Begr. II[1] = Begründung des Entwurfs II.
BlfG. = Blätter für Genossenschaftswesen.
BGB. = Bürgerliches Gesetzbuch für das Deutsche Reich vom 18. August 1896.
CPO. = Reichszivilprozeßordnung.
Entw. I[2 3] = Entwurf eines Gesetzes, betreffend die Gesellschaften mit beschränkter Haftung nebst Begründung und Anlage. Amtliche Ausgabe. Berlin 1891.
Entw. II[2 3] = Entwurf eines Gesetzes, betreffend die Gesellschaften mit beschränkter Haftung, vorgelegt dem Reichstag am 11. Februar 1892 (Drucksache des Reichstags, 8. Legislaturperiode, I. Session 1890/92 Nr. 660).
FGG. = Gesetz über die Angelegenheiten der freiwilligen Gerichtsbarkeit vom 17. Mai 1898.
G. = Eingetragene Genossenschaft.
GmbH. = Gesellschaft mit beschränkter Haftung.
GG.[2] = Gesetz, betreffend die Erwerbs- und Wirtschaftsgenossenschaften vom 1. Mai 1889, neue Fassung vom 20. Mai 1898.
HGB.[2] = Handelsgesetzbuch für das Deutsche Reich vom 10. Mai 1897.
HR. = Handelsregister.

Komm.[2 3] = Fassung des Gesetzes nach den Beschlüssen der XXV. Kommission des Reichstags (Drucksache des Reichstags, 8. Legislaturperiode, I. Session 1890/92 Nr. 744).

KommBer.[1] = Bericht derselben Kommission (dieselbe Drucksache).

OH. = Offene Handelsgesellschaft.

Parisius u. Crüger = das Reichsgesetz, betreffend die Gesellschaften mit beschränkter Haftung. Systematische Darstellung und Kommentar nebst Entwürfen von Gesellschaftsverträgen und praktischer Anleitung für die Registerführung (vierte Auflage, Berlin 1906, J. Guttentag).

Rechtspr. = Die Rechtsprechung der Ober-Landesgerichte auf dem Gebiete des Zivilrechts, herausgegeben von Mugdan und Falkmann.

RG. = Entscheidungen des Reichsgerichts in Zivilsachen.

RGB.[1] = Reichsgesetzblatt.

RKO.[2] = Konkursordnung vom 10. Februar 1877, neue Fassung vom 20. Mai 1898.

ROHG. = Entscheidungen des Reichsoberhandelsgerichts.

Rtg.[2 3] = Fassung des Gesetzes nach den Beschlüssen des Reichstags (Drucksache des Reichstags. 8. Legislaturperiode, I. Session 1890/92 Nr. 783).

StrGB.[2] = Strafgesetzbuch für das Deutsche Reich.

---

[1] Die lateinischen Zahlen bezeichnen den Band, die arabischen die Seite.

[2] Die beigefügte Zahl bezeichnet den Paragraphen.

[3] Ist die Abkürzung in lateinischen Lettern gedruckt, so bedeutet dies, daß die Fassung des Gesetzes sich hier zuerst findet.

[4] Die beigefügte Zahl bezeichnet den Artikel.

NB. Der Entwurf, in dem sich der Text des Gesetzes zuerst findet, ist durch lateinische Buchstaben kenntlich gemacht.

Einleitung.

A. Zur Geschichte des Gesetzes.*)

Seit Jahren war vielfach die Frage erörtert worden, ob die im geltenden Recht (1892) bestehenden Gesellschaftsformen für den Betrieb von Unternehmungen mit dem vereinigten Kapital einer Mehrheit von Teilnehmern dem Bedürfnisse des Verkehrs genügen. In der Literatur wurde unter Verneinung dieser Frage wohl zuerst (März 1876) in der Einleitung des Buches „Die Genossenschaftsgesetze im Deutschen Reiche" von Parisius der Vorschlag gemacht, durch die Reichsgesetzgebung als gleichberechtigt mit den bisherigen Gesellschaften des Handelsrechts unter Ausschluß der persönlichen Haftpflicht eine Nachbildung der Bergbaugewerkschaft herzustellen, Parisius gab eine kurze Darstellung der Grundzüge einer solchen „industriellen Gewerkschaft". Acht Jahre später (1884) wurde in den Motiven des dem Deutschen Reichstag vorgelegten Entwurfs eines Gesetzes, betreffend die Kommanditgesellschaften auf Aktien und die Aktiengesellschaften, bemerkt, daß der in Aussicht stehenden Revision des Handelsgesetzbuchs die Prü-

*) Parisius u. Crüger S. 13—34.

fung der Frage zu überlassen sei, ob die jetzigen Rechtsformen für alle Arten von Unternehmungen, welche eine Kapitalsvereinigung erfordern, ausreichen, oder ob ihnen nicht vielmehr nach dem Vorbilde der bergrechtlichen Gewerkschaft eine neue Form hinzuzufügen sein möchte. Hierauf hat im Reichstage in der ersten und in der dritten Beratung des bezeichneten Gesetzentwurfs, am 24. März und 28. Juni 1884 (Stenographische Berichte des Reichstags V. Legislaturperiode, IV. Session, S. 220 und S. 1149), ein Großindustrieller, der Geheime Kommerzienrat Oechelhäuser aus Dessau, ausgeführt, daß ein weiterer Ausbau der Formen des Handelsgesellschaftsrechts durchaus notwendig und dringlich sei, und daß neben der von Kreisen der Gewerbetreibenden schon vielfach angeregten Ausdehnung der bergrechtlichen Gewerkschaft auf andere Zwecke des wirtschaftlichen Lebens, die Grundsätze der Beschränkung der solidarischen Haftpflicht auf bestimmte Kapitaleinlagen zu übertragen seien auf die Gesellschaften, bei denen wie in der offenen Handelsgesellschaft die Beteiligten nur in geringer Zahl zusammentreten, um nicht durch Bevollmächtigte, sondern persönlich ihre Kapitalien fruchtbar zu machen.

Zu eingehenden, ausführlichen Erörterungen des Gegenstandes in der Presse und im Reichstage gab in den folgenden Jahren die Gründung von Kolonialgesellchaften Anlaß. Drei Schriften und Aufsätze, die auch Gesetzentwürfe brachten, sind hervorzuheben:

1. Die Gesellschaft mit beschränkter Haftbarkeit. Eine gesetzgeberische Studie von Robert Esser II (Berlin 1886).

2. Deutsche Kolonial-Aktiengesellschaften. Rechtliche Erörterungen und Vorschläge von Dr. Veit Simon (in Goldschmidts Zeitschrift für das gesamte Handelsrecht, 1888, 34. Band, S. 85—161).

3. Deutsche Kolonialgesellschaften. Betrachtungen und Vorschläge von Victor Ring (zunächst in Buschs Archiv für Handels- und Wechselrecht, Band 48, als besondere Schrift, Berlin 1887).

Im Reichstage kam es bei der Beratung der Novelle zum Gesetz, betreffend die Rechtsverhältnisse der Deutschen Schutzgebiete vom 17. April 1886, in den Sitzungen vom 4. und 28. Februar 1888 unter Erwähnung jener Schriften zu ausführlichen Auseinandersetzungen namentlich der Abgeordneten Oechelhäuser und Dr. Hammacher. Letzterer entwickelte am 4. Februar bei der ersten Beratung (Stenographische Berichte VII. Legislaturperiode, II. Session, Bd. II, S. 710f.) seine Ansichten über Ausfüllung der Lücke in unserem Gesellschaftsrechte durch die Berggewerkschaft, welche er für koloniale wie für eine ganze Menge anderer Privatwirtschaftsaufgaben für die glücklichste Form erachtete, insofern die Mitglieder nicht unbeschränkt zu den Beiträgen und Bedürfnissen herangezogen werden können, sich vielmehr durch Hergabe ihres Anteils von weiteren Verbindlichkeiten befreien können, und auf der anderen

Seite die Verpflichtungen des einzelnen nicht von vornherein auf eine bestimmte Einlage beschränkt sind. Er teilte mit, daß Etablissements zum Zweck der Herstellung von Dampfkesseln, Walzwerken, Tuchfabriken unter Benutzung der bergrechtlichen Sozietätsform betrieben würden, ja sogar ein gemeinnütziger, mit der Kirche zusammenhängender geschäftlicher Zweck durch eine nach Ankauf eines Bergwerks gegründete Bergwerksgesellschaft verfolgt werde.

In der zweiten Beratung am 28. Februar 1888 (Stenographische Berichte a. a. O. S. 1156) kam der Abgeordnete Oechelhäuser auf die von ihm vier Jahre zuvor empfohlene Gesellschaftsform mit beschränkter Haftpflicht in Nachbildung der offenen Handelsgesellschaft zurück. Der Staatssekretär des Reichsjustizamts Dr. von Schelling teilte hierauf mit, daß beabsichtigt sei, die Vertreter des Handels und der Industrie darüber zu hören, ob ein Bedürfnis vorhanden sei, eine der Gewerkschaftsform nachgebildete Gesellschaftsform für andere als bergrechtliche Unternehmungen einzuführen und außerdem die offene Handelsgesellschaft in der Weise auszubilden, daß eine beschränkte Haftbarkeit, jedoch unter Beibehaltung des wesentlich individualistischen Charakters eintritt.

Am 20. April 1888 wurde, um ein Urteil über die Auffassung der zunächst interessierten Berufskreise zu gewinnen, durch Vermittelung des preußischen Ministers für Handel und Gewerbe (Reichskanzlers Fürsten Bismarck) eine Anfrage an die preußischen Handelskammern und an den bleibenden Ausschuß des Deutschen Handelstages gerichtet. Diese Anfrage veranlaßte den Abgeordneten Oechelhäuser, seinerseits am 28. April eine ausführliche Denkschrift an die preußischen Handelskammern und kaufmännischen Korporationen zu senden. Am 7. Mai beriet der Ausschuß des Deutschen Handelstages über die Anfrage des Ministers. Nach einem Referat von Dr. Hammacher nahm der Ausschuß eine Resolution an, in der er ein dringendes Bedürfnis*)

*) Ein „Bedürfnis" wird in der Begründung des Entwurfs und in den Berichten und Schriften gefunden zunächst für eine Reihe gewerblicher Unternehmungen: Familienfabriken (Übergang gewerblicher Unternehmungen auf mehrere Erben, die, ohne selbst die Geschäfte führen zu können, doch auf die Erhaltung des Unternehmens und dessen Fortführung für die Familie Wert legen), Gläubigergesellschaften (notgedrungene Übernahme eines überschuldeten Etablissements durch die Gläubiger zum Zweck der Erhaltung und Fortführung desselben auf eigene Rechnung), Gesellschaften zur Ausnutzung oder Vervollkommnung von Erfindungen, Gesellschaften zur Erschließung und Kultivierung von Kolonialgebieten, Gesellschaften zum Ankauf von Grundstücken behufs ihrer Parzellierung oder Bebauung auf Rübenbaupflicht der Teilnehmer errichtete Zuckerfabriken, Gesellschaften zur Herstellung von Zeitungen, überhaupt Gesellschaften für Unternehmungen, bei denen der Kapitalbedarf nicht im voraus auf längere Zeit festgestellt werden kann (Kanalbau, Fischfang auf hoher See). Außerdem kommen in Betracht gemeinnützige und andere nicht zu Erwerbs-

zur Ergänzung des bestehenden Rechts durch Einfügung neuer Rechtsformen für gesellschaftliche

---

zwecken bestimmte Unternehmungen, deren Ziele durch einen begrenzten Kreis von Teilnehmern, meist mit nicht bedeutendem Kapital, zu erreichen sind. Solche Unternehmungen hatten sich vielfach in die Form von Aktiengesellschaften eingezwängt und waren auch als eingetragene Genossenschaften errichtet, z. B. zur Unterstützung hilfsbedürftiger Personen, zur Erwerbung und Erhaltung eines Hauses für Krankenpflegerinnen, zur Errichtung eines Schießstandes, zur Errichtung einer Badeanstalt, zur Verbreitung lebendigen Christentums und Darbietung eines Erbauungsortes, zur Herstellung eines geselligen Klubs, zur Beschaffung und Bewirtschaftung von Versammlungs- und Restaurationslokalen für Katholiken, zur Herstellung von Kneipen für studentische Verbindungen, zur Fürsorge für Dienstboten usw. Über die Anwendbarkeit des Gesetzes vgl. Parisius u. Crüger S. 70ff., wo eine umfassende Statistik über die Verbreitung der Gesellschaftsformen, über Zahl der Auflösungen und Gründungen, Verteilung auf die verschiedenen Gruppen und über das investierte Kapital Auskunft gibt. Ebenda S. 330 ff. sind 15 Entwürfe von Gesellschaftsverträgen enthalten (1. für eine zu gründende Fabrik bei einfachster Sachlage, 2. für Fortführung eines größeren Fabrikunternehmens innerhalb einer Familie, sog. „Familienfabrik", 3. für eine Gesellschaft zur Ausnutzung von Erfindungen, 4. für ein Wohltätigkeits-Unternehmen, 5. für Umwandlung einer Aktiengesellschaft — Zuckerfabrik — in eine G. m. b. H., 6. für Ansiedelungsgesellschaften, 7. für Kartellgesellschaften und zwar 9 Verträge, die den Anlagen der dem Reichstag vom Reichskanzler vorgelegten Denkschrift über das Kartellwesen entnommen sind.

Privatunternehmungen anerkannte und zur Abhilfe eine Gesetzgebung für geeignet erklärte, welche die Errichtung von individualistischen und kollektivistischen Erwerbsgesellschaften auf der Grundlage der in Anteile zerlegten Mitgliedschaft und der beschränkten Haftbarkeit der Mitglieder zuläßt. Zugleich wurde beschlossen, gutachtliche Äußerungen von den Mitgliedern des Handelstages zu erfordern und eine Kommission zur Sichtung der Gutachten und Vorbereitung weiterer Vorschläge einzusetzen. Namens dieser Kommission erstattete dem Ausschusse Dr. Hammacher Bericht, er schlug vor, die von den Ältesten der Kaufmannschaft zu Berlin entworfenen Grundsätze für die Form einer Gesellschaft mit beschränkter Haftbarkeit zu genehmigen. Dementsprechend wurde beschlossen und am 7. Dezember 1888 von dem Präsidium des deutschen Handelstages an den Reichskanzler Fürsten Bismarck als preußischen Minister für Handel und Gewerbe Bericht erstattet.*)

---

*) Ausführlicher Bericht über diese Vorgänge, sowie Abdruck der betreffenden Schriftstücke findet sich in Nr. 25 der Drucksachen des Vereins zur Wahrung der wirtschaftlichen Interessen von Handel und Gewerbe (Berlin 1891). In diesem Bericht ist außer den vorerwähnten drei Schriften von Esser, Simon und Ring auch der Abschnitt: Neue Gesellschaftsformen in dem Buche „Zur Revision des Handelsgesetzbuchs" von Dr. Rießer Band II (Stuttgart 1887, S. 290—384, Beilageheft des Bandes XXXV zu Goldschmidts Zeitschrift für das gesamte Handelsrecht) besprochen.

Dann ruhte die Angelegenheit mehrere Jahre. Inzwischen kam das Genossenschaftsgesetz vom 1. Mai 1889 zustande, in dem eingetragene Genossenschaften mit beschränkter Haftpflicht zugelassen wurden, bei denen das Genossenschaftsvermögen allmählich gebildet wird und infolge des freien Austrittsrechts der Genossen steten Veränderungen unterworfen ist, die Haftpflicht ferner nicht lediglich auf die Kapitalseinlagen beschränkt ist, vielmehr jeder Genosse außerdem noch für den Fall des Konkurses die Garantie für eine bestimmte Summe übernehmen muß, wodurch die Möglichkeit ausgeschlossen ist, daß die Gesamtheit der Leistungen, zu welchen sich die Teilnehmer verpflichtet haben, unmittelbar dem Betrieb des Unternehmens als werbendes Kapital zugute kommt.

Im Spätherbst 1891 war im Reichsjustizamt ein Gesetzentwurf fertiggestellt. Er wurde im Dezember nebst Begründung und Anlagen veröffentlicht.*)

Nach dem Entwurfe, der mit wenigen Abänderungen zum Gesetz geworden ist, nimmt die neue Gesellschaft eine Mittelstellung zwischen den streng individualistischen Gesellschaftsformen und der Aktiengesellschaft ein. Das Gesetz stellt auf der Grundlage der beschränkten Haftung eine Gesellschaftsform her,

---

*) Entwurf eines Gesetzes, betreffend die Gesellschaften mit beschränkter Haftung, nebst Begründung und Anlagen. Amtliche Ausgabe, Berlin 1891. In den Anmerkungen als Entw. I und Begr. I bezeichnet.

die „bei ausreichendem Schutze des mit den Gesellschaften verkehrenden Publikums genügende Biegsamkeit besitzt, um für sehr verschiedene Verhältnisse und Zwecke und bei einem sehr verschiedenen Umfange des Mitgliederkreises Verwendung finden zu können" (Begr. II, 29). In neuerer Zeit wird freilich diese „Biegsamkeit" als zu weitgehend bezeichnet und es werden die dem „Schutze des Publikums" dienenden Bestimmungen als nicht ausreichend angesehen; es fehlt noch an einer eingehenden Untersuchung der mit der Gesellschaftsform auf den verschiedenen Wirtschaftsgebieten gemachten Erfahrungen, und es wäre bedenklich, aus gelegentlichen Mißbräuchen Schlußfolgerungen zu ziehen, die der Gesellschaftsform nachteilig seien. Es scheint vielmehr, als wenn diese Gesellschaftsform trotz ihrer „Biegsamkeit" nicht mehr mißbräuchliche Anwendung gefunden hat wie irgendeine andere, vgl. hierüber Parisius u. Crüger S. 78ff.

Von gesetzlicher Begrenzung des Zweckes ist Abstand genommen. Die Geschäftsanteile der Mitglieder sind veräußerlich. Jeder Teilnehmer hat von vornherein nur einen Geschäftsanteil. Die Anteilsrechte der Gesellschafter sollen nicht Gegenstand des Handelsverkehrs werden, die Veräußerung ist nur in gerichtlicher oder notarieller Form gestattet. Im Gegensatz zur Gewerkschaft hat die neue Gesellschaft ein bestimmtes, jedermann kenntliches Gesellschaftskapital als dauernden Grundstock und Befriedigungsobjekt für die Gläubiger. Den Gesellschaftern ist eine

Gesamthaftung dafür auferlegt, daß das im Gesellschaftsvertrage bestimmte Stammkapital vollständig zur Einzahlung gelangt und nicht später durch unberechtigte Auszahlungen an die Gesellschafter vermindert wird. Eine freiere Beweglichkeit des Gesellschaftsvermögens wird dadurch erzielt, daß der Gesellschaft gestattet wird, den Mitgliedern die Verpflichtung aufzuerlegen, über ihre Stammeinlagen hinaus weitere Beiträge (Nachschüsse) zu dem Betrieb des Unternehmens zu leisten. Die Einforderung der Nachschüsse ist von der freien Entschließung der Gesellschaft abhängig. Die Gesellschaft hat, solange das Stammkapital unversehrt ist, freie Hand, die Nachschüsse zur Deckung von Ausgaben oder Verlusten zu verwenden und bei Verminderung des Kapitalbedürfnisses an die Gesellschafter wieder zurückzubezahlen. Den Gesellschaftern steht aber das Recht zu, sich von der Pflicht zur Leistung der Nachschüsse dadurch zu befreien, daß sie ihren Geschäftsanteil behufs Befriedigung durch Veräußerung desselben der Gesellschaft zur Verfügung stellen. Neben der Leistung der Kapitalseinlagen können die Teilnehmer im Gesellschaftsvertrage noch Leistungen anderer Art zugunsten der Gesellschaft übernehmen.

Die Gesellschaft hat Geschäftsführer zu bestellen, deren Rechte und Pflichten sich nach den für den Vorstand von Aktiengesellschaften und von eingetragenen Genossenschaften geltenden Grundsätzen bestimmen. Die inneren Verhältnisse der Gesellschaft regeln sich in erster Linie durch den Gesellschaftsvertrag. Die Mitglieder bilden aber die oberste Instanz in den Gesellschaftsangelegenheiten; es sind ihnen wichtige Entschließungen vorbehalten, die nur durch Mehrheitsbeschlüsse nach Verhältnis der Geschäftsanteile zu treffen sind.*)

Nach Veröffentlichung des Entwurfs, dem das Gutachten des Ausschusses des Deutschen Handelstages und ein Auszug aus den von den preußischen Handelskammern und kaufmännischen Korporationen erstatteten Gutachten beigefügt war, wurde eine Generalversammlung des Deutschen Handelstages zur Beurteilung des Gesetzentwurfs auf den 15. und 16. Januar 1892 einberufen. Auf ein Referat des Geheimen Kommerzienrates Oechelhäuser sprach der Handelstag einstimmig seine Zustimmung zu den im Entwurf enthaltenen Prinzipien aus.**)

Im Februar 1892 ist der Entwurf im Bundesrat beraten und mit einigen Abänderungen angenommen, er wurde am 11. Februar 1892 vom Reichskanzler Grafen von Caprivi dem Reichstage zur Beschlußfassung vorgelegt.***) Der Reichstag beschloß nach der

*) Über die Organisation der Gesellschaft vgl. die systematische Darstellung bei Parisius u. Crüger S. 35ff.

**) Diese Verhandlungen sind dargestellt in Heft 27 der Mitteilungen des Vereins zur Wahrung der wirtschaftlichen Interessen von Handel und Gewerbe (Berlin 1892).

***) Drucksache des Reichstags, 8. Legislaturperiode, I. Session 1890/92, Nr. 660. In den Anmerkungen bezeichnet als Entw. II und Begr. II.

ersten Beratung in der 177. Sitzung vom 19. Februar, den Entwurf einer Kommission von 14 Mitgliedern zur Vorberatung zu überweisen.

Die Kommission hat die Vorberatungen in zwei Lesungen und sechs Sitzungen vollendet. An derselben beteiligten sich als Mitglied des Bundesrats der Staatssekretär des Reichsjustizamts, Kaiserl. wirklicher Geheimer Rat Dr. Bosse und als Kommissare des Bundesrats der Kaiserliche Geheime Ober-Regierungsrat Dr. Hoffmann, der Verfasser des Entwurfs, und der Geheime Ober-Regierungsrat Gamp. Im Auftrage der Kommission erstattete der Abgeordnete Schenck am 15. März schriftlichen Bericht (Drucksache Nr. 744). Auf Grund desselben hat der Reichstag in zweiter Beratung in der 198. Sitzung vom 19. März den Entwurf nach den Beschlüssen der Kommission en bloc angenommen. Ebenso in der dritten Beratung in der 199. Sitzung vom 21. März. Der Bundesrat hat den Beschlüssen des Reichstags vom 21. März zugestimmt und der Kaiser das Gesetz am 20. April vollzogen (Reichs-Gesetzblatt Nr. 24, ausgegeben am 26. April, S. 477—499).

Eine Reihe Änderungen des Gesetzes brachte das Einführungsgesetz zum HGB. vom 10. Mai 1897 im Artikel 11; sie stehen zum Teil im Zusammenhang mit den allgemeinen Vorschriften, welche die §§ 12—15 HGB. bezüglich der Anmeldungen zum Handelsregister, sowie bezüglich der Eintragungen in dasselbe enthalten, zum Teil mit dem BGB., zum Teil enthalten sie eine Neuregelung, wie z. B. die Bestimmungen über Richtigkeitserklärungen. Artikel 13 des Einführungsgesetzes zum HGB. ermächtigte den Reichskanzler, den Text des Gesetzes, wie er sich aus den vorgesehenen Änderungen ergab, unter fortlaufender Nummernfolge der Paragraphen und Abschnitte durch das Reichs-Gesetzblatt bekannt zu machen. Der Reichskanzler hat von der Ermächtigung Gebrauch gemacht, er hat im Reichs-Gesetzblatt Nr. 25 (ausgegeben am 14. Juni 1898) den Text des Gesetzes in der vom 1. Januar 1900 ab geltenden Fassung bekannt gemacht. Vgl. des näheren Parisius u. Crüger S. 33.

In den nachstehenden Ausführungen ist überall Handelsgesetzbuch, Genossenschaftsgesetz, Zivilprozeßordnung, Konkursordnung in der vom 1. Januar 1900 ab geltenden Fassung zugrunde gelegt.

B. Die Stellung der Gesellschaft mit beschränkter Haftung im Gesellschaftsrecht. Vergleichung mit der offenen Handelsgesellschaft, mit der Aktiengesellschaft und mit der eingetragenen Genossenschaft.*)

Der Gesellschaft mit beschränkter Haftung ist „rechtlich eine Mittelstellung zwischen den streng individualistischen Gesellschaftsformen des geltenden

*) Vgl. Parisius u. Crüger S. 39ff.

Rechts und der als äußerste Konsequenz des kapitalistischen Prinzips sich darstellenden Aktiengesellschaft" angewiesen (Begr. I 35, II 29).

Wie sich die rechtliche Stellung der verschiedenen Gesellschaften zueinander in den einzelnen gesetzlichen Bestimmungen kennzeichnet, ergibt sich aus einer Bezeichnung der wesentlichen Unterschiede der Gesellschaft mit beschränkter Haftung einerseits und der offenen Handelsgesellschaft, der Aktiengesellschaft und der eingetragenen Genossenschaft mit beschränkter Haftpflicht andererseits.

Wir lassen eine solche Darlegung folgen:

I. Die wesentlichen Unterschiede zwischen der Gesellschaft mit beschränkter Haftung und der offenen Handelsgesellschaft sind folgende:

1. Bei der OH. haften die Mitglieder unbeschränkt und direkt (HGB. 105, 128) — bei der GmbH. haftet nur das Gesellschaftsvermögen (13 Abs. 2). Das in 26ff. vorgesehene Nachschußverfahren ist der OH. fremd.

2. Bei der OH. muß der Gesellschaftszweck der Betrieb eines Handelsgewerbes sein (HGB. 105) — bei der GmbH. ist er unbeschränkt (1).

3. Die OH. tritt mit ihrer Errichtung in Wirksamkeit, sofern deren Zweck auf den Betrieb eines Handelsgewerbes unter gemeinschaftlicher Firma gerichtet ist (HGB. 105, 123) — die GmbH. mit ihrer Eintragung in das Handelsregister (11).

4. Die OH. hat nicht die Rechte einer juristischen Person (HGB. 124) — die GmbH. hat diese Rechte (13).

5. Bei der OH. ist die Aufnahme neuer Mitglieder von der Zustimmung aller Gesellschafter abhängig (HGB. 107, 125 Abs. 4, 15, 108, 12 Abs. 1) — bei der GmbH. sind die Geschäftsanteile veräußerlich und vererblich (15 vgl. 17, 55).

6. Bei der OH. beendigen Tod, Konkurs, rechtliche Unfähigkeit eines Gesellschafters die Gesellschaft wenn nicht der Gesellschaftsvertrag anderes vorschreibt (HGB. 131, 138) — bei der GmbH. bleibt in den angegebenen Fällen die Gesellschaft bestehen (60), wenn nicht der Gesellschaftsvertrag etwas anderes bestimmt.

7. Die OH. kann von einem Gesellschafter aufgekündigt werden (HGB. 131, 140 Abs. 1) — die GmbH. kann nicht aufgekündigt werden, falls der Gesellschaftsvertrag dies nicht ausdrücklich bestimmt; nur Klage auf Auflösung ist zulässig (61, vgl. HGB. 133 Abs. 1 u. 2, 134).

8. Bei der OH. wirken die Gesellschafter persönlich an der Geschäftsführung mit (HGB. 114 ff.) — die GmbH. wird durch Geschäftsführer vertreten, die nicht Gesellschafter zu sein brauchen (6, 35); die von den Gesellschaftern in Angelegenheiten der Gesellschaft zu treffenden Bestimmungen erfolgen durch Beschlußfassung (47); die einzelnen Gesellschafter üben ihre Rechte in der Versammlung der Gesellschafter aus.

9. Bei der OH. erfolgt die Anmeldung neuer Gesellschafter durch sämtliche Mitglieder (HGB. 108, 12 Abs. 1) — bei der GmbH. durch die Geschäftsführer (57, 78).

10. Die OH. kann nicht aus öffentlich-rechtlichen Gründen aufgelöst werden — wohl aber die GmbH. (62).

II. Es ergeben sich folgende wesentliche*) Unterschiede zwischen der Gesellschaft mit beschränkter Haftung und der Aktiengesellschaft:

1. Die Haftung der Mitglieder ist bei der AktG. auf die übernommenen Aktien beschränkt (HGB. 178), — bei der GmbH. kann statutarisch die Einziehung von Nachschüssen vorgesehen werden (26).

2. Das Gesellschaftskapital wird bei der AktG. in eine statutarisch bestimmte Zahl von Anteilen mit bestimmtem Nennwerte, von welchem der einzelne Gesellschafter gleich anfangs eine Mehrheit übernehmen kann, zerlegt — bei der GmbH. fällt der Geschäftsanteil eines Mitgliedes begrifflich mit der Gesamtbeteiligung desselben zusammen (14, Ausnahmen 17, 55).

*) Andere Unterschiede finden sich u. a. in 31 und HGB. 217 (Zinsen und Dividenden); in 51 und HGB. 254 (Berufung von Versammlungen durch Mitglieder); 51 Abs. 3 und HGB. 255 (Beschlußfassung in nicht ordnungsmäßig berufenen Versammlungen); 82 ff. und HGB. 312 ff. (Strafbestimmungen).

3. Die Erschwerung der Übertragung von Aktien bildet die Ausnahme (HGB. 179, 180) — die Erschwerung der Übertragung des Geschäftsanteils bei der GmbH. ist eine grundsätzliche (15).

4. Die Aktie ist unteilbar (HGB. 179) — der Geschäftsanteil ist unter der Voraussetzung von 17 teilbar. Die AktG. soll Aktien nur „im geschäftlichen Betriebe" nicht erwerben (HGB. 226) — die GmbH. nur unter der Voraussetzung von 33 Abs. 2.

5. Bei der AktG. sind alle von den Gesellschaftern für die Zwecke der Gesellschaft geleisteten Beiträge auch zur Bildung des Kapitals zu verwenden. — Eingezahlte Nachschüsse können bei der GmbH. unter der Voraussetzung von 30 zurückerstattet werden.

6. Bei der AktG. wird die Sicherung des Grundkapitals durch die Vorschriften über den Gründungshergang, über Nachgründung, durch die Verantwortlichkeit einer Reihe von Organen und durch eine umfassende Öffentlichkeit unterstützt (HGB. 190, 203) — bei der GmbH. ist den Gesellschaftern eine Gesamthaftung dafür auferlegt, daß das im Gesellschaftsvertrage bestimmte Stammkapital vollständig zur Einzahlung gelangt und daß auch nicht später eine Verminderung desselben durch unberechtigte Auszahlungen an die Gesellschafter stattfindet (24, 31).

7. Bei der AktG. konnten bis zu dem neuen HGB. (212) andere Leistungen, als Kapitaleinlagen, nicht zum Gegenstand der Mitgliederpflichten gemacht

werden (RG. **17** 5, **21** 148, **26** 86), wohl aber bei der GmbH. (3).

8. Die inneren Verhältnisse der AktG. bestimmen sich wesentlich nach dem Gesetz — für die der GmbH. ist der Festsetzung im Gesellschaftsvertrag ein weiter Spielraum gewährt (45).

9. Für die AktG. stellen HGB. 266, 267 Abs. 1—3, 268, 254, 264, 295 eine größere Reihe Minderheitsrechte auf — dieselben beschränken sich bei der GmbH. auf die in 50, 61, 66 Abs. 2.

10. Der Aufsichtsrat ist bei der AktG. obligatorisch (HGB. 190) — bei der GmbH. fakultativ (52).

11. Der Vorstand bei der AktG. ist jederzeit absetzbar (HGB. 231) — bei der GmbH. kann die Widerruflichkeit der Bestellung auf den Fall beschränkt werden, daß „wichtige Gründe" vorliegen (38).

12. Bei der AktG. direkte Haftpflicht der Mitglieder des Vorstandes den Gesellschaftsgläubigern gegenüber in den Fällen des HGB. 241 — bei der GmbH. keine direkte Haftpflicht (43).

13. Für die Feststellung der Bilanz bestehen für die AktG. zwingende Bestimmungen (HGB. 239, 260, 263) — für die GmbH. nur dispositive Vorschriften (46, 45 Abs. 2).

14. Die Bilanzen der AktG. sind zu veröffentlichen (HGB. 265) — für die GmbH. ist die Veröffentlichung nur bei Bankgeschäften vorgeschrieben (41).

15. Für die Aufstellung der Bilanz sind für die

GmbH. (42) nicht derart singuläre Bestimmungen getroffen wie für die AktG. (HGB. 261).

16. Aktionäre können nur in einer Versammlung Beschlüsse fassen (HGB. 250) — bei der GmbG. kann auch schriftliche Abstimmung ausreichen (48 Abs. 2).

17. Bei der AktG. kann das Statut für die Beschlußfassung über Statutenänderungen auch eine geringere Mehrheit als drei Vierteile vorschreiben, redaktionelle Änderungen können dem Aufsichtsrat übertragen werden (HGB. 274, 276), — bei der GmbH. ist die Dreiviertel-Mehrheit das geringste Erfordernis (53).

18. Bei der AktG. besteht die Möglichkeit, das Rechtsverhältnis zwischen mehreren Gattungen von Aktien durch Mehrheitsbeschluß zum Nachteil einer derselben zu ändern (HGB. 275 Abs. 3), — bei der GmbH. kann das Rechtsverhältnis der Gesellschafter nicht ausschließlich zum Nachteile eines Teils derselben auf diese Weise geändert werden (53 Abs. 3).

19. Erhöhung des Aktienkapitals nach Maßgabe von HGB. 278ff. — Erhöhung des Gesellschaftskapitals bei der GmbH. nach Maßgabe von 55 bis 57; bei Erhöhung in der AktG. muß das Grundkapital voll eingezahlt sein, für die GmbH. ist dies nicht Voraussetzung; bei der AktG. findet zunächst Eintragung des Erhöhungsbeschlusses, dann Eintragung der vollzogenen Erhöhung nach Zeichnung der Aktien statt (HGB. 280, 284), bei der GmbH. Eintragung erst nach Deckung der Erhöhung (57).

III. Es ergeben sich folgende wesentliche Unterschiede*) zwischen der Gesellschaft mit beschränkter Haftung und der eingetragenen Genossenschaft mit beschränkter Haftpflicht.

1. Bei der G. ist die Mitgliedschaft an die Person gebunden, eine Übertragung des Geschäftsguthabens mit den Rechten und Pflichten der Mitgliedschaft ist nur im Wege des Ausscheidens möglich (GG. 76) — bei der GmbH. ist der Geschäftsanteil veräußerlich, vererblich, teilbar (15, 17). Die G. ist eine Personalgesellschaft, die GmbH. eine Kapitalgesellschaft. Dem entsprechen auch die bei beiden Gesellschaftsformen verschiedenen Bedingungen der Gründung und Anmeldung zur Eintragung (GG. 5 und 11, dagegen 2, 5, 7 Abs. 2, 8). Bei der G. ist der Erwerb von Geschäftsguthaben durch sie, sowie die Amortisation nicht angängig — bei der GmbH. ist beides unter Beachtung von 33 und 34 zulässig. Bei der G. besteht weder für das Stammkapital noch für den Geschäftsanteil ein Mindestbetrag — für die GmbH. ist der Mindestbetrag vorgeschrieben (5, 7 Abs. 2).

2. Bei der G. erstreckt sich die persönliche Haft-

*) Andere Unterschiede finden sich 31 und GG. 22 (Zinsen und Dividenden); 50 und GG. 45 (Berufung von Versammlungen durch Mitglieder); 51 und GG. 46 (Beschlüsse nicht ordnungsmäßig berufener Versammlungen); GG. 42 (Verbot der Bestellung von Prokuristen); GG. 147 ff. (Strafbarkeit).

pflicht über den Geschäftsanteil hinaus bis zu dem Betrage der Haftsumme (GG. 2 Pos. 3, 131), die persönliche Haftpflicht besteht der Genossenschaft (GG. 105 ff.) und den Gläubigern (GG. 141, 127) gegenüber, jedoch bei bestehender Genossenschaft sind die Genossen, außer im Falle des Ausscheidens bei vorhandener Unterbilanz (GG. 73), über den Geschäftsanteil hinaus zu Nachschüssen nicht verpflichtet — bei der GmbH. beschränkt sich die Haftung auf die Stammeinlage, den Gläubigern sind die Gesellschafter nicht unmittelbar verpflichtet, eine Verpflichtung zur Zahlung von Nachschüssen besteht unter der Voraussetzung 26 ff. gegen die Gesellschaft.

3. Der Zweck der G. ist durch GG. 1 beschränkt. — Der Zweck der GmbH. ist unbeschränkt (1, 61, 62).

4. Bei der G. dürfen die von den Mitgliedern gebildeten Geschäftsguthaben an die Genossen, solange sie Mitglieder sind, nicht zurückgezahlt werden (GG. 22) — bei der GmbH. ist Rückzahlung der Einlagen nach Maßgabe von 33 und 34 zulässig, und eine Zurückzahlung der Nachschüsse unter der Voraussetzung von 30 statthaft.

5. Bei der G. findet keine solidarische Haftung der Mitglieder für die Einzahlungen auf Geschäftsanteil statt, sondern nur die persönliche Haftpflicht ist eine solidarische — bei der GmbH. besteht dieselbe unter der Voraussetzung 24 und 31.

6. Die inneren Verhältnisse der G. bestimmen sich wesentlich nach dem Gesetz — für die GmbH. ist der

Festsetzung im Gesellschaftsvertrage weiter Spielraum gewährt (45).

7. Der Aufsichtsrat ist bei der G. obligatorisch (GG. 9 Abs. 1) — bei der GmbH. fakultativ (52).

8. Der Vorstand bei der G. ist jederzeit absetzbar (GG. 24 Abs. 3) — bei der GmbH. kann die Widerruflichkeit der Bestellung auf den Fall beschränkt werden, daß „wichtige Gründe" vorliegen (38). Bei der G. besteht unter der Voraussetzung des GG. 142 eine direkte Haftpflicht der Vorstandsmitglieder den Gläubigern gegenüber, bei der GmbH. fehlt dieselbe (43, ausgenommen 81).

9. Für die Feststellung der Bilanz bestehen für die G. zwingende (GG. 48) — für die GmbH. nur dispositive Bestimmungen (46 Pos. 1, 45 Abs. 2). Für die Aufstellung der Bilanz der G. enthält das Gesetz keine singulären Bestimmungen — solche bestehen für die GmbH. in 42.

10. Die Bilanzen der G. sind zu veröffentlichen und die Bekanntmachungen sind dem Gericht einzureichen (GG. 33) — für die GmbH. ist dies nur bei Bankgeschäften vorgeschrieben (41).

11. Die Mitglieder der G. können nur in der Generalversammlung ihr Stimmrecht ausüben (GG. 43) — bei der GmbH. ist schriftliche Abstimmung zulässig (48). Bei der G. hat jedes Mitglied nur eine Stimme (GG. 43 Abs. 2) — bei der GmbH. wird das Stimmrecht nach dem Verhältnis der Geschäftsanteile ausgeübt (47 Abs. 2).

12. Die G. muß eine Sachfirma haben (GG. 3) — für die GmbH. sind Ausnahmen zulässig (4).

13. Die Mitglieder des Vorstandes der G. müssen Genossen sein (GG. 9 Abs. 2) — die Geschäftsführer der GmbH. brauchen nicht Gesellschafter zu sein (6).

14. Der Vorstand der G. muß aus mindestens zwei Mitgliedern bestehen, die Vertretung muß durch mindestens zwei Vorstandsmitglieder erfolgen (GG. 24, 25) — für die GmbH. genügt ein Geschäftsführer (6).

15. Bei der G. erfolgt der Erwerb der Mitgliedschaft durch Eintragung in die Liste der Genossen in Gemäßheit GG. 15 — bei der GmbH. durch Übernahme einer Stammeinlage (15, 55). Bei der G. endigt die Mitgliedschaft infolge von Tod, Kündigung, Ausschließung, Übertragung des Geschäftsguthabens, Verlegung des Wohnsitzes nach Maßgabe von 67 und sich daran anschließende Eintragung in die Liste der Genossen (GG. 65ff.) — bei der GmbH. durch Übertragung des Geschäftsanteils (15) oder durch Amortisation desselben (34). — Dem Ausschluß bei der G. entspricht die Verwirkung der Geschäftsanteile bei der GmbH. (21, 27, 28).

16. Bei der G. steht der Generalversammlung die Verfügung über den Reingewinn zu (GG. 48) — bei der GmbH. haben die Gesellschafter einen Anspruch auf den nach dem Gesellschaftsvertrage zur Verteilung kommenden Reingewinn (29).

17. Bei der G. kann das Statut für die Beschlußfassung über Statutenänderungen auch eine geringere als Dreiviertelmehrheit vorschreiben (GG. 16) — bei der GmbH. ist diese Mehrheit das geringste Erfordernis (53).

18. Bei der G. führt Überschuldung nur dann zur Konkurseröffnung, wenn sie ein Viertel des Betrages der Haftsummen übersteigt (GG. 140) — bei der GmbH. führt jede Überschuldung zur Konkurseröffnung (63).

Die Vorzüge der GmbH. sind insbesondere folgende: Bei der Gestaltung kann dem Bedürfnis des Unternehmens in weitestem Maße Rechnung getragen werden — die G. kann zu jedem gesetzlich zulässigen Zweck errichtet werden — für den Gesellschaftsvertrag sind nur wenige Essentialien vorgeschrieben — für die Festsetzung der Rechte, welche den Gesellschaftern bei der Führung der Geschäfte zustehen, ist dem Statut fast freies Bestimmungsrecht gelassen — den Gesellschaftern können im Statut die Einzahlung von Nachschüssen und außer der Leistung von Kapitaleinlagen noch andere Verpflichtungen auferlegt werden — die Gründung ist einfacher als die der AktG.

Gesetz, betreffend die Gesellschaften mit beschränkter Haftung.

Vom 20. April 1892 RGBl. Nr. 24 S. 477—499. In der auf Grund der Ermächtigung durch Art. 13 des Einführungsgesetzes zum Handelsgesetzbuch vom 10. Mai 1897 vom Reichskanzler bekannt gemachten Fassung (RGBl. Nr. 25 von 1898 S. 846—867).

Wir **Wilhelm**, von Gottes Gnaden Deutscher Kaiser, König von Preußen rc.

verordnen im Namen des Reichs, nach erfolgter Zustimmung des Bundesrats und des Reichstags, was folgt:

Die einleitenden Worte des Gesetzes fehlen in der Bekanntmachung der Fassung des Gesetzes, doch ist der Fortlassung keine Bedeutung beizulegen, da die Bekanntmachung nur redaktioneller Natur ist.

Erster Abschnitt.

Errichtung der Gesellschaft.

§ 1. Gesellschaften[1] mit beschränkter Haftung können nach Maßgabe der Bestimmungen dieses Gesetzes zu jedem gesetzlich zulässigen Zweck[2] errichtet[3] werden.

Entw. I, II, Komm. Rtg. 1, Begr. I 46, II 38, HGB. 178, GG. 1.

1. Die Verwendung der neuen Gesellschaftsform ist rein fakultativ (vgl. 11 Abs. 2). Die Voraussetzung für die Anwendbarkeit des Gesetzes ist der unzweideutig bekundete Wille der Beteiligten, sich dieser Gesellschaftsform zu bedienen. Der Ausdruck dieses Willens liegt in der Annahme der in 4 vorgesehenen besonderen Firmenbezeichnung (Parisius u. Crüger 88). Die Zulässigkeit der Verwendung findet „ihre Grenze nur in den allgemeinen Normen des öffentlichen und Privatrechts, welche die Verfolgung gewisser Zwecke allgemein untersagen", Begr. I 46. Über unberechtigten Gebrauch der Firma HGB. 37 (Parisius u. Crüger 88).

2. „Die öffentlich-rechtlichen Bestimmungen der Gesetze über das Vereins- und Versammlungsrecht, welche für politische Vereine besondere Pflichten und Beschränkungen vorsehen", werden durch das Gesetz in keiner Weise berührt. „Dasselbe gilt von den gesetzlichen Bestimmungen über geistliche Genossenschaften oder sonstige religiöse Vereine", Begr. II 38; vgl. über die GmbH. als versteckte geistliche Gesellschaft KG. 27. VI. 04 in ZfAG. 05 Nr. 4 S. 87; Johow **23** 105, **30** 129, **31** 184. Bedarf der Gegenstand des Unternehmens der staatlichen Genehmigung, so muß diese vor der Anmeldung der Gesellschaft eingeholt werden (8 Pos. 4). Nicht betrieben kann in der Form der GmbH. werden das Hypothekenbankgeschäft (Hypothekenbankgesetz vom 13. Juli 1899) und das Versicherungsgeschäft insoweit auf das Versicherungsunternehmen das Gesetz über die privaten Versicherungsunternehmungen vom 12. Mai 1901 zur Anwendung kommt (vgl. BlfG. 06, 147). — Ist die Gesellschaft eingetragen, obgleich der Zweck unzulässig ist, so kommt das Nichtigkeitsverfahren zur Anwendung (75 ff. FGG. 142, 144; Parisius u. Crüger 90). Über Anwendung der Gewerbeordnung usw. Parisius u. Crüger 135.

Vgl. auch 61, 62 betr. Auflösung.

3. „Vor erfolgter Eintragung in das Handelsregister besteht die Gesellschaft mit beschränkter Haftung als

solche nicht" (11). Über die Anwendung von BGB. 24—53 Parisius u. Crüger 88, das BGB. kommt subsidiär zur Anwendung. Art. 2 EHGB. schreibt vor, daß in Handelssachen das BGB. soweit Anwendung findet, als das HGB. eine Lücke enthält, dies gilt auch für die GmbH., da auch sie eine Handelsgesellschaft, ihre Angelegenheiten daher Handelssachen sind (Johow **23** 105); Anwendung findet folglich Art. 84 EBGB.

§ 2. Der Gesellschaftsvertrag bedarf des Abschlusses in gerichtlicher oder notarieller Form.[1] Er ist von sämtlichen Gesellschaftern[2] zu unterzeichnen.[3]

Die Unterzeichnung durch Bevollmächtigte[4] ist nur auf Grund einer gerichtlich oder notariell errichteten oder beglaubigten Vollmacht zulässig.

Entw. I, II Komm., Rtg. 2, Begr. I 47, II 38, HGB. 182, GG. 5.

1. Entw. hielt Form der Privaturkunde („schriftliche Form") für ausreichend. Komm. verlangte gerichtliche oder notarielle Errichtung (FGG. 167 ff.; EBGB. 141; BGB. 128), Vorbehalte und Einschränkungen, die der Beitrittserklärung beigefügt werden, entkräften dieselbe, ein in der Beteiligungserklärung nicht zum Ausdruck gebrachter Vorbehalt ist der Gesellschaft gegenüber unwirksam (Begr. I 68, II 54; RG. **33**, 93; Rechtspr. **3** 261; Parisius u. Crüger 92). Mündliche Zusage, sich an der Gründung zu beteiligen, ist unverbindlich (RG. **43** 136). Ist ein in nicht gehöriger Form abgeschlossener Gesellschaftsvertrag eingetragen, so bleibt die Gesellschaft gültig (RG. **26** 68; Johow **23** 101; dagegen RG. **54** 418). Über Anfechtung des Beitritts BGB. 124, 144; Parisius u. Crüger 93 ff.; die Erklärung „Miteinleger des Stammkapitals in bestimmter Höhe zu sein" ist losgelöst von dem sonstigen Inhalt des Rechtsgeschäfts, daraus folgt, daß der Beitritt

wegen Betrugs nicht angefochten werden kann (RG. 17. IX. 04 in JW. 04, 564, vgl. RG. **57** 292).

2. Ob andere als physische Personen Mitglieder einer GmbH. sein dürfen, ist nirgends erwähnt. Doch wird man annehmen müssen, daß wie bei eingetragenen Genossenschaften Korporationen, Handelsgesellschaften, eingetragene Genossenschaften und Personenvereine Gesellschafter einer GmbH. werden können (Parisius u. Crüger 94). — Zu dem Abschluß des Vertrages gehören mindestens zwei Gesellschafter, später kann die Gesellschaft auch mit einem Gesellschafter fortbestehen (Parisius u. Crüger 91).

3. Die sogenannte Sukzessivgründung (Aktiengesellschaften) sollte ausgeschlossen werden; über die Möglichkeit einer solchen Parisius u. Crüger 92. Beitritt weiterer Gesellschafter Rechtspr. **3** 262 unter Beobachtung der gerichtlichen oder notariellen Form. Aufnahme neuer Gesellschafter kann nur bei Erhöhung des Stammkapitals (55) oder bei Teilung der Geschäftsanteile (17) erfolgen. Nach Maßgabe dieser Bestimmungen ist die Mitgliederzahl beschränkt (anders GG. 1).

4. Ein Bevollmächtigter kann mehrere Gesellschafter vertreten. Die Vollmacht berechtigt, die Leistung eines Stammanteils zu versprechen (Johow **19** 17). Keine Anwendung findet FGG. 191. Beglaubigung muß gerichtlich oder notariell erfolgt sein (Johow **25** 11).

§ 3. Der Gesellschaftsvertrag muß enthalten:[1]

1. die Firma und den Sitz[2] der Gesellschaft,
2. den Gegenstand des Unternehmens,
3. den Betrag des Stammkapitals,[3]
4. den Betrag der von jedem Gesellschafter auf das Stammkapital zu leistenden Einlage (Stammeinlage).[4]

[5] Soll das Unternehmen auf eine gewisse Zeit beschränkt sein oder sollen den Gesellschaftern außer der Leistung von Kapitaleinlagen noch andere[6] Verpflichtungen gegenüber der Gesellschaft auferlegt werden, so bedürfen auch diese Bestimmungen der Aufnahme in den Gesellschaftsvertrag.[7]

Entw. I, II Komm. Rtg. 3. Begr. I 48, II 39, HGB. 182, 183. GG. 6, 7, 8.

1. Abs. 1 enthält die Gegenstände, über welche der Gesellschaftsvertrag Bestimmungen enthalten muß, nämlich Firma 4, Sitz, Gegenstand des Unternehmens 1 (sorgfältige Bestimmung überaus wichtig; das RG. verlangt keine Individualisierung RG. **62** 96; Parisius u. Crüger 97), Betrag des Stammkapitals 5, die zur Aufbringung desselben von jedem Gesellschafter zu leistende Stammeinlage 5 Abs. 2, 14, 19ff., 26ff.

2. Sitz und Geschäftsbetrieb brauchen nicht zusammenfallen. Der Gesellschaftsvertrag entscheidet, an welchem Ort der Sitz sein soll, derselbe kann sich nicht an verschiedenen Orten befinden. Sitz muß im Inlande liegen oder Auslande, wenn daselbst Konsulargerichtsbarkeit gilt (Parisius u. Crüger 73; RG. **34** 107, **36** 177, 7 70). Gerichtsstand CPO. 17. Änderung des Sitzes ist Statutenänderung.

3. Stammkapital ist das bestimmte, jedermann kenntliche Gesellschaftskapital, „welches den dauernden Grundstock des Unternehmens und zugleich ein bestimmtes Befriedigungsobjekt für die Gesellschaftsgläubiger bildet" (Begr. I 39) 5, 13. Erhöhung 55, Herabsetzung 58.

4. Die Stammeinlage (5) ist die von dem Gesellschafter übernommene, also zu bewirkende oder bewirkte Leistung. Sie begründet den Geschäftsanteil, d. h. die Beteiligung an dem Gesamtvermögen der Gesellschaft, 14. Solidarische Haftung 24.

5. Abs. 2 hebt unter den Gegenständen, „über welche der Gesellschaftsvertrag zwar nicht notwendig Bestimmungen enthalten muß, die aber nur im Gesellschaftsvertrage geregelt werden können, sofern überhaupt eine bezügliche Bestimmung getroffen werden soll" (Begr. I 48), zwei besonders hervor: die zeitliche Begrenzung der Gesellschaft (60 Pos. 1) und die Ausdehnung der Mitgliederpflichten auf andere Leistungen als Kapitaleinlagen.

6. „Andere Verpflichtungen", z. B. bei Zuckerfabriken Rübenbau- und Rübenlieferungspflicht, Fuhrenleistungen; dahin gehört auch die statutarische Verpflichtung der Gesellschafter, den Stammanteil eines Ausgeschiedenen zu übernehmen. Die Verpflichtungen können entgeltliche oder unentgeltliche sein. Auch die Tätigkeit als Geschäftsführer kann einem Gesellschafter als gesellschaftliche Verpflichtung auferlegt werden (RG. v. 4. V. 04 Monatsschrift 04, 256). Ob die „Verpflichtungen" den Gesellschafter in dieser Eigenschaft oder unabhängig davon treffen, ist Sache der Auslegung (RG. v. 28. III. 03 Monatsschrift 03, 216). Für Aktiengesellschaften hat das RG. die Übernahme solcher „anderer Verpflichtungen" durch die Mitglieder im Gesellschaftsvertrage nicht für zulässig erklärt, durch 212 HGB. ist nun auch für AG. die Festsetzung solcher Verpflichtungen freigegeben. Keine Veröffentlichung der Bestimmung 10. Vermehrung der Verpflichtungen 53 Abs. 3. Erscheinen in der Bilanz nur, wenn sie realisierbaren Vermögenswert darstellen (Parisius u. Crüger 99). Keine Anwendung der Kaduzierung Rechtspr. 2 232.

7. „Abweichungen von dispositiven Normen des Gesetzes können nur durch den Gesellschaftsvertrag festgesetzt werden" Begr. I 48. Das Gesetz hat zwingende Bestimmungen in 2, 3 Abs. 1, 4, 5 Abs. 1, 2 und 4, 6 Abs. 1, 15 Abs. 1—3, 19, 25, 26 Abs. 2, 30, dispositive Bestimmungen in 3 Abs. 2, 5 Abs. 4, 15 Abs. 5, 17 Abs. 3 u. 6, 20 Abs. 2, 26 Abs. 1 u. 3, 27 Abs. 4, 28, 29, 34 Abs. 1, 35 Abs. 2, 37 Abs. 1, 38 Abs. 2, 41 Abs. 3, 45 Abs. 2,

52 Abs. 1, 53 Abs. 2, 60 Pos. 2, Abs. 2, 66 Abs. 1, 72. Über Nichtigkeit des Gesellschaftsvertrages 75 ff. FGG. 144.

§ 4. Die Firma[1] der Gesellschaft muß entweder von dem Gegenstande des Unternehmens entlehnt sein, oder die Namen der Gesellschafter oder den Namen wenigstens eines derselben mit einem das Vorhandensein eines Gesellschaftsverhältnisses andeutenden Zusatze enthalten. Die Namen anderer Personen als der Gesellschafter dürfen in die Firma nicht aufgenommen werden. Die Beibehaltung[2] der Firma eines auf die Gesellschaft übergegangenen Geschäfts (Handelsgesetzbuch § 22) wird hierdurch nicht ausgeschlossen.[3]

Die Firma der Gesellschaft muß in allen Fällen die zusätzliche[4] Bezeichnung „mit beschränkter Haftung" enthalten.[5]

Entw. I, II, Komm., Rtg. 4, Begr. I 35, 49, II 29, 40. KommBer. 4 HGB. 20. GG. 3.

1. Der Entwurf wollte nur eine Sachfirma zulassen, da die Gesellschaft „ohne Rücksicht auf die Zahl ihrer Mitglieder stets einen rechtlich selbständigen Organismus bilden muß". Die Kommission hat dies mit Rücksicht auf die Erfahrungen in England, wo die Namensfirma mit dem entsprechenden Zusatze sich bewährt habe, geändert. Verbindung einer Sach- und Namensfirma zulässig (Parisius u. Crüger 101), z. B. in der Art, daß der Namensfirma ein dem Gegenstand des Unternehmens entnommener Zusatz gegeben wird. Firma braucht den Gegenstand des Unternehmens nicht in allen Einzelheiten wiederzugeben (Johow **30** 145). Über Aufnahme des Titels „Hoflieferant" Johow **23** 208. Aus dem Firmen r e ch t ergibt sich auch die Firmen p f l i ch t (KG. v. 9. VIII. 04; ZfAG. 04 Nr. 2, S. 40).

2. Der Entwurf wollte nur die **Beifügung** der Firma gestatten; die Kommission änderte dies.

3. Da die Gesellschaft als Handelsgesellschaft gilt (13 Abs. 3), und in das Handelsregister eingetragen wird (7), so sind für sie auch die allgemeinen Grundsätze des kaufmännischen Firmenrechts maßgebend (z. B. 30) — über unberechtigte Führung der Firma HGB. 37, FGG. 140. — Die Gesellschaft kann auch bei Übernahme mehrerer Geschäfte immer nur **eine** Firma haben (Johow **14** 33). Es kann eine erworbene Firma nur in der Voraussetzung fortgeführt werden, daß auch dasselbe Geschäft weitergeführt wird (RG. 12. XII. 03; JW. 04, 101).

4. Die „zusätzliche Bezeichnung" muß sich am Schlusse der Firma befinden, sie kann in Klammern beigefügt sein Johow **19** 4), ist auch bei der Zweigniederlassung notwendig. Die Gesellschafts**form** bildet einen Bestandteil der Firma, es erscheint zweifelhaft, ob es genügt, wenn sich zwei Firmen nur durch den Zusatz unterscheiden, KG. (Johow **26** 215) hält es für genügend. Der Zusatz GmbH. zu der zugleich mit dem Geschäft erworbenen Firma macht diese nicht zu einer anderen, so daß sie mit dem Zusatz weitergeführt werden kann, wenn im übrigen die erforderliche Bewilligung zur Fortführung der erworbenen Firma erteilt ist (KG. 4. XI. 01; DJZ. 02, 202).

5. In der Kommission wurde auf Antrag eines Mitgliedes ausdrücklich ausgesprochen, daß die zusätzliche Bezeichnung „mit beschränkter Haftung" nicht abgekürzt werden darf. KommBer. 4.

§ 5. Das Stammkapital der Gesellschaft muß mindestens zwanzigtausend Mark, die Stammeinlage jedes[1] Gesellschafters muß mindestens fünfhundert Mark betragen.

Kein Gesellschafter kann bei Errichtung der Gesellschaft mehrere Stammeinlagen übernehmen.[2]

Der Betrag der Stammeinlage kann für die einzelnen Gesellschafter verschieden bestimmt werden. Derselbe muß in Mark durch hundert teilbar sein. Der Gesamtbetrag der Stammeinlagen muß mit dem Stammkapital übereinstimmen.[3]

[4] Sollen von Gesellschaftern Einlagen, welche nicht in Geld zu leisten sind, auf das Stammkapital gemacht oder soll die Vergütung für Vermögensgegenstände, welche die Gesellschaft übernimmt, auf Stammeinlagen angerechnet werden, so muß die Person des Gesellschafters, der Gegenstand der Einlage oder Übernahme sowie der Geldwert, für welchen die Einlage angenommen wird, oder die für die übernommenen Gegenstände zu gewährende Vergütung im Gesellschaftsvertrage[5] festgesetzt werden.

Entw. I, II, Komm., Rtg. 5. Begr. I 50. II 41. KommBer. 4. HGB. 178, 179, 180, 186, 189, 191, GG. 1, 73.

1. Hieraus ist gefolgert, daß bei Errichtung der Gesellschaft die Stammeinlage nicht von einer nicht rechtsfähigen Personenvereinigung übernommen werden kann (Johow **22** 22); die Schlußfolgerung erscheint unbegründet. Bildung von Vorzugsgeschäftsanteilen. Parisius u. Crüger 104, 458. Solidarische Haft für die Einzahlungen 24.

2. Abs. 2 und der zweite Satz des Abs. 3 sind Änderungen der Kommission. Über Übernahme mehrerer Stammeinlagen bei bestehender Gesellschaft 17, 55. Über Stammeinlage 14. Die Übernahme muß vorbehaltlos erfolgen (RG. **33** 93).

3. Vor der Deckung des Stammkapitals durch Übernahme von Stammeinlagen ist der Gesellschaftsvertrag nicht geschlossen und kann nicht eingetragen werden. Die

Gesellschaft darf nicht Anleihen aufnehmen, um die Einlagen eines Gesellschafters für denselben zu bezahlen (RG. **47** 180ff.). Die Gründungskautelen bei Aktiengesellschaften sind nicht übernommen; 9 und 5 Abs. 3 sollen die nötigen Sicherheiten bieten.

4. Abs. 4 trifft die Sacheinlagen und die vertragsmäßige Überlassung von Vermögensgegenständen. Der Einlagevertrag ist integrierender Bestandteil des nach dem Gesetze einheitlich zu schließenden Gesellschaftsvertrags. Nur bei Übernahme ohne Vergütungsanrechnung Kaufvertrag. (Parisius u. Crüger 106). Gehört die Sacheinlage einem Dritten, so kann die Verpflichtung zur Leistung in einem mit dem Gesellschaftsvertrage verbundenen Vertrage übernommen werden (Rechtspr. **1** 248; RG. **58** 55). Die Bestimmungen des Gesellschaftsvertrags über die Sacheinlage können im Wege der Abänderung nicht beseitigt werden. Sacheinlage kann jeder in die Bilanz einzustellende Vermögenswert sein, nicht aber zu leistende Dienste (Parisius u. Crüger 107). Nicht zulässig ist die Einbringung künftiger Erfindungen, denn sie stellen zurzeit noch keinen Wert dar. Der Gegenstand muß so genau bezeichnet sein, daß über seine Identität kein Zweifel besteht. Einräumung bestimmter Vermögensvorteile im Gesellschaftsvertrage an einzelne Gesellschafter zulässig. Die Umwandlung eines Etablissements in eine GmbG. kann dadurch vor sich gehen, daß die Besitzer ihre Anteile als Sacheinlagen einbringen (Parisius u. Crüger 109), so kann auch ein ganzes Geschäft mit Aktiven und Passiven als Sacheinlage behandelt werden. — Die Festsetzungen sind in den Gesellschaftsvertrag aufzunehmen und zu veröffentlichen 10; Unterlassung der Festsetzung befreit nicht von der Pflicht zur Einzahlung der Stammeinlagen 19 Abs. 3. Übersteigt der Geldwert der Sacheinlage erheblich deren objektiven Wert, so folgt daraus noch nicht eine Haftung der Gründungsgesellschafter (RG. v. 16. II. 01 Monatsschrift 19 142).

5. Der Sacheinlage gleichgestellt ist der Vertrag wegen Überlassung von Vermögensgegenständen (Parisius u. Crüger 109). Kombination zwischen Sach- und Geldeinlagen zulässig. Im Gesellschaftsvertrage, nicht vorher, kann darüber kontrahiert werden, daß das Erworbene oder die Vergütung auf die Stammeinlage übernommen wird. Zuwendungen aus dem Stammkapital für Dienste und Aufwendungen, die einzelne Gesellschafter bei der Begründung geleistet haben (Gründerprovisionen), sind durch 30 und 31 ausgeschlossen.

§ 6. Die Gesellschaft muß einen oder mehrere Geschäftsführer haben.[1]

Zu Geschäftsführern können Gesellschafter oder andere Personen bestellt werden. Die Bestellung erfolgt entweder im Gesellschaftsvertrage oder nach Maßgabe der Bestimmungen des dritten Abschnitts.[2]

Ist im Gesellschaftsvertrage bestimmt, daß sämtliche Gesellschafter zur Geschäftsführung berechtigt sein sollen, so gelten nur die der Gesellschaft bei Festsetzung dieser Bestimmung angehörenden Personen als die bestellten Geschäftsführer.[3]

Entw. I, II, **Komm.**, Rtg. 6, **Begr.** I 53, II 42. KommBer. 5. HGB. 231. GG. 9, 25.

1. Die Bestellung des oder der Geschäftsführer (nur physische Personen) muß wegen der im Errichtungsstadium vorzunehmenden Funktionen bei oder alsbald nach Abschluß des Gesellschaftsvertrages erfolgen. Die Anzahl der Geschäftsführer braucht nicht im Gesellschaftsvertrag angegeben zu sein (Johow **10** 35). Vertretung **44**. Die Geschäftsführer bilden das Organ der Gesellschaft. Es kann im Statut auch eine andere Bezeichnung als „Geschäftsführer" gewählt werden. Widerruf 38; Kündigung BGB. 622;

Rücktritt 626, 671; Rechnungslegung ROHG. **24** 365. Vgl. Parisius u. Crüger GG. XII. zu S. 289. Anspruch auf Gehalt ROHG. **19** 61.

2. Art der Bestellung ergeben 45, 46 Pos. 5, 47, 48, 49. Die Gesellschaft ist in der Art der Bestellung völlig frei. Ist die förmliche Berufung einer Mitgliederversammlung erforderlich, so ist sie, wenn der Gesellschaftsvertrag nichts anderes bestimmt, nach 50 Abs. 3 zu bewirken. Scheidet der im Gesellschaftsvertrag bestellte Geschäftsführer aus irgendwelchem Grunde aus seiner Stellung, so erledigt sich damit ohne weiteres die Bestimmung des Statuts (KG. 7. II. 99, ZfAG. VI, Nr. 7); Wahl anderer als der im Gesellschaftsvertrag bestellten Geschäftsführer enthält keine Änderung des Gesellschaftsvertrags (Johow **21** 261); die Bestimmung des Gesellschaftsvertrags, durch die Geschäftsführer bestellt sind, ist kein materieller Bestandteil desselben. Zwangsbestellung durch das Gericht (Johow **23** 105). Die Gesellschaft ist in der Festsetzung der Art der Bestellung völlig frei. Über Befähigung Parisius u. Crüger 113. Ist der Geschäftsführer im Gesellschaftsvertrag bestimmt, so bleibt es doch bei der Widerruflichkeit nach 38 Abs. 2 (Parisius u. Crüger 112 und die dort angegebene Rechtsprechung).

3. Ein ausscheidender Gesellschafter hört in diesem Falle auf, Geschäftsführer zu sein (Parisius u. Crüger 114), anders wenn der Gesellschafter persönlich und besonders zum Geschäftsführer bestellt ist.

§ 7. Die Gesellschaft ist bei dem Gericht, in dessen Bezirke sie ihren Sitz hat, zur Eintragung in das Handelsregister anzumelden.[1]

Die Anmeldung darf nur erfolgen, nachdem von jeder Stammeinlage, soweit nicht andere als in Geld zu leistende Einlagen auf das Stammkapital gemacht sind, ein Viertel, mindestens aber der Betrag von zweihundertundfünfzig Mark eingezahlt ist.[2, 3]

Entw. I, II, Komm., Rtg. 7, EHGB. Art. 11 I. Begr. I 54, II 43. KommBer. 5. HGB. 195, 198. GG. 10.

1. Abs. 1 hat Fassung durch EHGB. erhalten. Eintragung nur im Auszug, erfolgt in das Handelsregister (13 Abs. 3, HGB. 8ff.). Anmeldung 78. Bei der Anmeldung ist Bevollmächtigung zulässig, HGB. 12 Abs. 2 (Parisius u. Crüger 115); FGG. 129 für den Fall der Anmeldung durch Notar. Kein Zwang durch Ordnungsstrafen 79.

2. Geldeinzahlung muß in bar oder barem Gelde gleichen Werten geleistet sein, der Betrag muß zur freien Verfügung der Geschäftsführer stehen (Parisius u. Crüger 116; RG. Strafsachen **32** 82, **36** 185). Der baren Einzahlung stehen Leistungen gleich, welche jeden Augenblick mit zweifelloser Sicherheit in bares Geld umgesetzt werden können. Die Einzahlung muß auf jede Stammeinlage gemacht sein, und es genügt nicht, daß überhaupt ein Viertel des Stammkapitals eingezahlt ist (RG. Strafsachen **33** 252); Sacheinlagen müssen sich in der freien Verfügung der Geschäftsführer befinden. Versicherung 8 Abs. 2, Strafvorschriften, 82 Pos. 1. Zweigniederlassung 12.

3. Der zur Erfüllung der Einlageverpflichtung noch erforderliche Rechtsakt, namentlich die grundbuchmäßige Übertragung des Eigentums an Immobilien kann erst nach Eintragung der Gesellschaft erfolgen, Begr. I 54.

§ 8. Der Anmeldung müssen beigefügt sein:[1]

1. der Gesellschaftsvertrag und im Falle des § 2 Absatz 2 die Vollmachten der Vertreter, welche den Gesellschaftsvertrag unterzeichnet haben, oder eine beglaubigte Abschrift dieser Urkunden,

2. die Legitimation der Geschäftsführer, sofern dieselben nicht im Gesellschaftsvertrage bestellt sind,[2]
3. eine von den Anmeldenden unterschriebene Liste der Gesellschafter, aus welcher Name, Vorname, Stand und Wohnort der letzteren, sowie der Betrag der von einem jeden derselben übernommenen Stammeinlage ersichtlich ist,[3]
4. in dem Falle, daß der Gegenstand des Unternehmens der staatlichen Genehmigung bedarf, die Genehmigungsurkunde.[4]

In der Anmeldung ist die Versicherung abzugeben, daß die im § 7 Absatz 2 bezeichneten Leistungen auf die Stammeinlagen bewirkt sind, und daß der Gegenstand der Leistungen sich in der freien Verfügung der Geschäftsführer befindet.[5]

Die Geschäftsführer haben ihre Unterschrift zur Aufbewahrung bei dem Gerichte zu zeichnen.[6]

Entw. I, II, Komm., Rtg. 8. EHGB. Art. 11 II. Begr. I 55, II 45. KommBer. 6 HGB. 195 Abs. 2. GG. 11.

1. Das Gericht hat zu prüfen, ob das Statut der gesetzlichen Vorschrift entspricht und zwar den Bestimmungen des vorliegenden Gesetzes (Parisius u. Crüger 119). Die Eintragung kann nur erfolgen, wenn jeder der als Gesellschafter bezeichneten Personen zur Eingehung der Gesellschaft an sich fähig und bezüglich etwaiger Vertreter bei Vertragsabschluß deren Vertretungsvollmacht nachgewiesen ist (Rechtspr. **3** 67).

2. Dieser Satz ist erst von der Kommission hinzugefügt (vgl. 39 und GG. 11).

3. Die Liste der Gesellschafter ist, soweit nötig, alljährlich zu berichtigen (40).

4. Dieser Satz entspricht HGB. 195 Abs. 2 Pos. 6 (nicht so in GG.). Über die erforderliche Genehmigung entscheidet die zuständige Verwaltungsbehörde (Parisius u. Crüger 121).

5. Sacheinlagen müssen zur freien Verfügung stehen, Geldzahlungen müssen bewirkt sein. Zivilrechtliche Verantwortung 9; Strafvorschrift 82.

6. Fassung nach EHGB. Art. 11, vgl. HGB. 12. Veröffentlichung der Zeichnung 10. Unterschrift ist die Zeichnung des Namens, die Firma braucht nicht gezeichnet zu werden.

§ 9. Die Anmeldenden haften der Gesellschaft[1] solidarisch für die Richtigkeit ihrer Angaben hinsichtlich der auf die Stammeinlagen gemachten Leistungen (§ 7 Absatz 2).

Verzichtleistungen oder Vergleiche der Gesellschaft in betreff der ihr nach Absatz 1 zustehenden Ersatzansprüche sind unwirksam, soweit der Ersatz zur Befriedigung der Gläubiger der Gesellschaft erforderlich ist. Auf einen Vergleich, welchen der Ersatzpflichtige im Falle der Zahlungsunfähigkeit zur Abwendung oder Beseitigung des Konkursverfahrens[2] mit seinen Gläubigern abschließt, findet diese Bestimmung keine Anwendung.

Die Ansprüche auf Grund der vorstehenden Bestimmungen verjähren in fünf Jahren seit der Eintragung der Gesellschaft in das Handelsregister.[3]

Entw. I, II, Komm., Rtg. 9. EHGB. Art. 11 III. Begr. I 56, II 45. KommBer. 6, HGB. 202, 206.

1. Nur die Gesellschaft hat den Anspruch (46 Pos. 8, 45 Abs. 2), nicht die Mitglieder. Der Ersatzanspruch besteht in der Deckung des Ausfalls am Stammkapital.

Die Anmeldenden haften für jede objektive Unrichtigkeit der Versicherung (8 Abs. 2). Solidarische Haftung BGB. 421. Für den Fall, daß sämtliche Gesellschafter Geschäftsführer sind, Parisius u. Crüger 124; die Geschäftsführer haben bei der betreffenden Beschlußfassung, wenn sie Gesellschafter sind, kein Stimmrecht (47 Abs. 4). Die Gläubiger sind durch Abs. 2 geschützt und können sich im Wege der Zwangsvollstreckung aus den Ansprüchen der Gesellschaft befriedigen. Strafrechtliche Verantwortung 82.

2. Unklar, was unter derartigen Vergleichen zu verstehen ist.

3. Über Verjährung 43 Abs. 4. BGB. 222 ff.

§ 10.[1] Bei der Eintragung in das Handelsregister sind die Firma und der Sitz der Gesellschaft, der Gegenstand des Unternehmens, die Höhe des Stammkapitals, der Tag des Abschlusses des Gesellschaftsvertrages und die Personen der Geschäftsführer anzugeben.

Enthält der Gesellschaftsvertrag besondere Bestimmungen über die Zeitdauer der Gesellschaft oder über die Befugnis der Geschäftsführer oder der Liquidatoren zur Vertretung der Gesellschaft, so sind auch diese Bestimmungen einzutragen.

In die Veröffentlichung,[2] durch welche die Eintragung bekannt gemacht wird, sind außer dem Inhalte der Eintragung die nach § 5 Absatz 4 getroffenen Festsetzungen[3] und, sofern der Gesellschaftsvertrag besondere Bestimmungen über die Form enthält, in welcher öffentliche Bekanntmachungen der Gesellschaft erlassen werden, auch diese Bestimmungen aufzunehmen.

Entw. I, II, Komm., Rtg. 10. EHGB. Art. 11 IV. Begr. I 57, II 46. HGB. 198, 199. GG. 12.

1. Die durch EHGB. getroffenen Änderungen beziehen sich auf den Umfang der Eintragung. Zweigniederlassung 12, HGB. 13. Über das Verhältnis von Prozeßrichter zum Registerrichter, FGG. 127; Johow **4** 36, **21** 243: der Registerrichter handelt stets nur auf Antrag oder von Amts wegen, er steht daher dem Prozeßrichter unabhängig gegenüber, die von diesem erlassene einstweilige Verfügung ist für den Registerrichter nicht bindend. — Über Einsicht in das Register HGB. 9, und ebenda über zu erteilende Bescheinigungen.

2. Veröffentlichung HGB. 10 hat hier nur Bedeutung einer Ordnungsvorschrift. — Nur im Auszug ist der Gesellschaftsvertrag zu veröffentlichen. Über die Blätter HGB. 10. Bekanntgabe an den Antragsteller FGG. 130.

3. Die Festsetzung der Geldeinlagen ist nicht zu veröffentlichen.

§ 11. Vor der Eintragung in das Handelsregister[1] des Sitzes der Gesellschaft besteht die Gesellschaft mit beschränkter Haftung als solche nicht.[2]

Ist vor der Eintragung im Namen der Gesellschaft gehandelt worden, so haften die Handelnden persönlich und solidarisch.[3]

Entw. I, II. Komm., Rtg. 11. EHGB. Art. 11 V. Begr. I 57, II 46 HGB. 200 Abs. 1. GG. 13.

1. Die Änderung durch EHGB. ist getroffen mit Rücksicht auf HGB. 15 betreffend die Wirkung eines Eintrages. Mit der Eintragung in das Handelsregister beginnt die rechtliche Existenz der Gesellschaft, vorausgesetzt, daß die Gesellschaft nicht an wesentlichen materiellen Mängeln leidet, 75 ff. In der Zwischenzeit kann für die Gesellschaft in gewissen Grenzen gehandelt werden (vgl. 7, 8, 78).

2. Die gültige Eintragung kann nur durch Auflösung (bzw. nach Nichtigkeitserklärung) der Gesellschaft rückgängig gemacht werden.

3. Bezieht sich auf Rechtshandlungen, welche Dritten gegenüber namens der Gesellschaft vorgenommen werden. Über die Haftpflicht RG. v. 22. III. 02, Monatsschrift 02, 199. Für die künftige Gesellschaft können gültige Verträge abgeschlossen werden (vgl. 5). Vertragsmäßig kann die Haftung beseitigt werden (RG. 47, 3). Die Entlassung des betreffenden Geschäftsführers ist nach dem Statut zu entscheiden (RG. 12. IV. 99; JW. 99, 344).

§ 12. Auf die Anmeldung der Gesellschaft zur Eintragung in das Handelsregister eines Gerichts, in dessen Bezirke sie eine Zweigniederlassung[1] besitzt, finden die Bestimmungen im § 8 Absatz 1 und 2 keine Anwendung. Der Anmeldung[2] ist eine von dem Gerichte der Hauptniederlassung beglaubigte Abschrift des Gesellschaftsvertrages und der Liste der Gesellschafter beizufügen.

Die Eintragung hat die im § 10 Absatz 1 und 2 bezeichneten Angaben zu enthalten. In die Veröffentlichung, durch welche die Eintragung bekannt gemacht wird, sind auch die im § 10 Absatz 3 bezeichneten Bestimmungen aufzunehmen, die nach § 5 Absatz 4 getroffenen Festsetzungen jedoch nur dann, wenn die Eintragung innerhalb der ersten zwei Jahre nach der Eintragung in das Handelsregister des Sitzes der Gesellschaft erfolgt.

Entw. I, II, Komm., Rtg. 12 EHGB. Art. 11 VI. Begr. I 57, II 46. HGB. 201. GG. 14.

1. Durch die Änderung des Gesetzes infolge EHGB. sind die die erste Anmeldung zum Gericht der Zweigniederlassung erleichternden Vorschriften gegeben. Zweigniederlassung setzt voraus, daß an dem von dem Orte der Hauptniederlassung verschiedenen Orte selbständig Rechtsgeschäfte abgeschlossen werden, Johow **5** 22; RG. **21** 4. Über Firma, Johow **12** 35; absolute Identität der Firma der Haupt- oder Zweigniederlassung ist nicht geboten (HGB. 30). Wird Zweigniederlassung an einem zu dem Gericht der Hauptniederlassung gehörigen Orte errichtet, so findet Absatz 2 sinngemäße Anwendung (Parisius u. Crüger 131. Errichtung kann von den Geschäftsführern beschlossen werden, wenn Gesellschaftsvertrag dem nicht entgegensteht (Parisius u. Crüger a. a. O.). Die Bestellung von Geschäftsführern, desgleichen von Prokuristen, mit Beschränkung auf die Zweigniederlassung ist unzulässig (RG. **22** 70, Johow **20** 61); die Zweigniederlassung hat kein selbständiges Vermögen. Gerichtsstand CPO. 21, 29. Zweigniederlassung im Auslande vgl. DJZ. 03, 413.

2. Über Anmeldungen und Einreichungen zum Register der Zweigniederlassung 78, HGB. 13. Aufhebung HGB. 31 Abs. 2. Löschung von Amts wegen FGG. 141, 131.

3. Ordnungsstrafen 79.

Zweiter Abschnitt.

Rechtsverhältnisse der Gesellschaft und der Gesellschafter.

§ 13. Die Gesellschaft mit beschränkter Haftung als solche hat selbständig ihre Rechte und Pflichten; sie kann Eigentum und andere dingliche Rechte an Grundstücken erwerben, vor Gericht klagen oder verklagt werden.[1]

Für die Verbindlichkeiten der Gesellschaft haftet den Gläubigern derselben nur das Gesellschaftsvermögen.[2]

Die Gesellschaft gilt als Handelsgesellschaft im Sinne des Handelsgesetzbuchs.[3]

Entw. I, II, Komm., Rtg. 13. Begr. I 58, II 46, HGB. 210, GG. 17.

1. Die Bestimmung über die Fähigkeit der Gesellschaft zum selbständigen Vermögenserwerb und zur Prozeßführung lehnt sich an den Wortlaut der Bestimmungen für Aktiengesellschaften und eingetragene Genossenschaften an. Die Frage, ob die GmbH. eine juristische Person sei, sollte damit nicht entschieden werden; jedenfalls hat sie deren Rechte. In Rechtsstreitigkeiten der Gesellschaft stehen ihr die Gesellschafter als Dritte gegenüber (RG. **23** 361). Gesellschaft kann Erbin sein (vgl. aber EBGB. 86 betr. die Beschränkungen). Über Straftaten, Strafbarkeit, Stempelkontravention, gewerbepolizeiliche Vorschrift, Patent- und Markenschutz, Polizeigesetze, Prozeß- und Parteifähigkeit, öffentlich-rechtliche Verhältnisse (Parisius u. Crüger 134 ff.).

2. Die Mitglieder haften bis zum Betrage ihrer Stammeinlage, aber nur der Gesellschaft und nicht den Gläubigern gegenüber. Betreffend Nachschüsse 42 Pos. 3. Die Gläubiger können sich im Wege der Zwangsvollstreckung aus den Ansprüchen der Gesellschaft an die rückständigen Einzahlungen befriedigen; im Falle des Gesellschaftskonkurses sind derartige Rückstände vom Konkursverwalter einzuziehen ohne daß er an den nach 46 Pos. 2 sonst erforderlichen Beschluß der Gesellschafter gebunden ist, jedoch nach Maßgabe des Gesellschaftsvertrages (RG. v. 25. III. 99 Monatsschrift 99, 170).

3. Sie ist nicht Handelsgesellschaft, sondern gilt nur als solche und auch dies nur im Sinne des HGB., nicht anderer Gesetze (1 Anm. 3). Sie hat ohne Rücksicht auf den

Gegenstand des Unternehmens die Eigenschaft der Handelsgesellschaft. Vgl. auch HGB. 343 und ROHG. **22** 321 ff. Maßgebend sind für sie die besonderen Rechte und Pflichten der Kaufleute, namentlich die Pflicht der kaufmännischen Buchführung. Vgl. die Einzelheiten bei Parisius u. Crüger 137. Durch die Gleichstellung mit der Handelsgesellschaft wird sie den im 2. Buche des HGB. bezeichneten Gesellschaftsarten angereiht. Hierdurch erhalten die Rechtsstreitigkeiten über die auf Grund des gegenwärtigen Gesetzes erhobenen Ansprüche „den Charakter von Handelssachen im Sinne § 101 Pos. 3a des Gerichtsverfassungsgesetzes und des § 8 des Einführungsgesetzes zu demselben", Begr. I 59.

§ 14. Der Geschäftsanteil jedes Gesellschafters bestimmt sich nach dem Betrage der von ihm übernommenen Stammeinlage.[1]

Entw. I, II, Komm., Rtg. 14. Begr. I 59, II 47.

1. Der Geschäftsanteil wird durch die Stammeinlage begründet und bemißt sich nach derselben: eine andere Bestimmung ist unzulässig. er bezeichnet die durch die Übernahme der Stammeinlage für den Gesellschafter begründete Beteiligung an dem Gesamtvermögen der Gesellschaft. Der Geschäftsanteil stellt die Mitgliedschaftsbeteiligung der Gesellschafter vor (19, 26, 29, 47 ff., 72). Vorzugsgeschäftsanteile vgl. 5 Anm. 1. Der Anteilsbesitzer ist nicht als Inhaber einer Forderung gegen die Gesellschaft aufzufassen (RG. **57** 414). Für das Verhältnis der Geschäftsanteile untereinander kann nur der Betrag der übernommenen Einlage entscheiden, nicht die tatsächlich geleistete Zahlung, Begr. I 59. — Veräußerlichkeit und Vererblichkeit 15. Teilbarkeit 17. Mitberechtigung 18. Einzahlungen 19. Kaduzierung 21. Haftung des Rechtsvorgängers 22, des Verkäufers 23. Gesamthaftung 24.

§ 15. Die Geschäftsanteile sind veräußerlich[1] und vererblich.[2]

Erwirbt ein Gesellschafter zu seinem ursprünglichen Geschäftsanteile weitere Geschäftsanteile, so behalten dieselben ihre Selbständigkeit.[3]

Zur Abtretung von Geschäftsanteilen durch Gesellschafter bedarf es eines in gerichtlicher oder notarieller Form geschlossenen Vertrages.[4]

Der gerichtlichen oder notariellen Form bedarf auch eine Vereinbarung, durch welche die Verpflichtung eines Gesellschafters[5] zur Abtretung eines Geschäftsanteils[6] begründet wird. Eine ohne diese Form getroffene Vereinbarung wird jedoch durch den nach Maßgabe des vorigen Absatzes geschlossenen Abtretungsvertrag gültig.

Durch den Gesellschaftsvertrag kann die Abtretung der Geschäftsanteile an weitere Voraussetzungen geknüpft, insbesondere von der Genehmigung der Gesellschaft abhängig gemacht werden.[7]

Entw. I, II, Komm., Rtg. 15. EHGB. Art. 11 VII. Begr. I 36, 60, II 30, 48. KommBer. 6. HGB. 222 ff. GG. 76.

1. Die Veräußerung „bildet das einzige Mittel, durch welches den Gesellschaftern eine Verfügung über ihr in dem Unternehmen angelegtes Kapital, sowie ihren Gläubigern der Zugriff auf diesen Vermögensgegenstand ermöglicht werden kann," Begr. I 36. Sie konnte deshalb im Gesetz weder ganz ausgeschlossen, noch an die Zustimmung der Gesellschaft oder der übrigen Gesellschafter gebunden werden. Veräußert wird die „Mitgliederbeteiligung", d. h. die sich aus der übernommenen Stammeinlage ergebenden Rechte

und Pflichten. Vgl. 16 Abs. 3 wegen Haftung, die in diesem Falle keine subsidiäre ist, anders nach 22. Durch Veräußerung ist Herabsinken der Mitgliederzahl bis auf einen Gesellschafter möglich, dessen Geschäftsanteil schließlich auch noch amortisiert werden kann. Der Besitzer sämtlicher Geschäftsanteile kann durch bloße Erklärung zu gerichtlichem oder notariellem Protokoll den Gesellschaftsvertrag ändern (Parisius u. Crüger 457). Vgl. Parisius u. Crüger 141 über den Übergang von „anderen Verpflichtungen". Der Übergang wird nicht ohne weiteres anzunehmen sein; die Entscheidung wird wesentlich von der Fassung des Gesellschaftsvertrages abhängen. Über statutarisches Vorkaufsrecht RG. **49** 142; Parisius u. Crüger 145.

2. Vererbung 17 Abs. 3, 18.

3. „Die Geschäftsanteile als selbständige Gegenstände des Rechtsverkehrs bewahren ihre Sonderexistenz auch dann, wenn im Wege der Veräußerung oder Vererbung mehrere Anteile in der Hand eines Gesellschafters zusammentreffen." (Begr. I 60). Der 2. Absatz ist erst in der Kommission eingefügt. Vgl. 14 und 5 Abs. 2 über die Beteiligung mit mehreren Geschäftsanteilen.

4. Es genügt nicht, daß nur die Abtretungserklärung in gerichtlicher oder notarieller Form abgegeben wird, es muß ein förmlicher Vertrag abgeschlossen sein. (RG. **57** 60). Die Formvorschrift bezieht sich auch auf die Abtretung von Teilen (RG. **43** 136). Die Abtretung einzelner durch den Geschäftsanteil begründeter Forderungen wird nicht getroffen (Begr. I 62, II 411). Bei nicht beachteter Form ist der Vertrag nichtig (RG. **43** 136, **50** 45). Das Gesetz bestimmte, daß die Angabe des Rechtsgrundes nicht erforderlich ist. Die „Bestimmung ist gestrichen" durch EHGB. als dem Bürgerlichen Gesetzbuch gegenüber unverständlich und gegenstandslos, BGB. 398.

5. Das Erfordernis des gerichtlichen oder notariellen Vertrags bezieht sich nur auf Veräußerungen der Gesell-

schafter und findet keine Anwendung, wenn die Gesellschaft selbst die Veräußerung „Kraft eigenen Rechts" vornimmt. Die Form ist aber zu wahren, wenn die Gesellschaft die Veräußerung eines durch Rechtsgeschäft auf sie übergegangenen Geschäftsanteils vornimmt (Parisius u. Crüger 458 und die dort zitierte Rechtsprechung). Die Veräußerungen kaduzierter oder zur Verfügung gestellter Anteile (21, 23, 27, 28) durch nicht öffentlichen Verkauf bedarf keiner besonderen Form, unterliegt vielmehr der Formfreiheit. Die erschwerte Form soll hindern, daß die Anteilsrechte der Gesellschafter zu einem Gegenstand des Handelsverkehrs werden. Für die Verpfändung der Geschäftsanteile gelten die Grundsätze des Bürgerlichen Rechts (BGB. 1274), es ist die gerichtliche oder notarielle Form zu beobachten (RG. **53** 107), jedoch gilt dies nach RG. **58** 223 nicht auch für den obligatorischen Verpfändungsvertrag, für dessen Form die allgemeinen Grundsätze gelten — konsequent ist dies nicht. Über die Rechte des Pfandgläubigers auf den Erlös vgl. 27 Anm. 7. Der Pfandgläubiger kann weder die Mitgliedschaftsrechte beanspruchen noch aus den Mitgliedschaftspflicht in Anspruch genommen werden. Pfändung durch die Gesellschaft 33. Über die Zwangsvollstreckung in Geschäftsanteilen vgl. Neukamp in DJZ. 04, 293, Parisius u. Crüger 145, ZfAG. 05, 228; BGB. 1277, 1229, 1245. Überweisung zur Einziehung nicht möglich, vgl. Begr. I 83, II 50. Für die Pfändbarkeit sind 851 CPO. und 399 BGB. zu beobachten (Parisius u. Crüger 458).

6. Anteilscheine können ausgestellt werden, haben aber nur die Bedeutung von Beweisurkunden und sind für die Übertragung der Geschäftsanteile unerheblich. Die erschwerte Übertragungsform ist nicht nötig für die Abtretung einzelner durch den Geschäftsanteil begründeter Forderungen, z. B. des Anspruchs auf den Geschäftsgewinn. Selbst Ausstellung von Dividendenscheinen auf den Inhaber ist zulässig, es handelt sich dabei nicht um Inhaberpapiere über eine bestimmte Geldsumme (Begr. I 62).

7. Erleichtern darf der Gesellschaftsvertrag die Abtretung nicht, ebenso auch nicht verbieten (Parisius u. Crüger 144). Spätere Einführung der Erschwernisse ist als Verletzung eines Sonderrechts zu betrachten.

§ 16. [1] Der Gesellschaft gegenüber gilt im Falle der Veräußerung[2] des Geschäftsanteils nur derjenige als Erwerber, dessen Erwerb unter Nachweis des Übergangs bei der Gesellschaft angemeldet ist.

Die vor der Anmeldung von der Gesellschaft gegenüber dem Veräußerer oder von dem letzteren gegenüber der Gesellschaft in bezug auf das Gesellschaftsverhältnis vorgenommenen Rechtshandlungen muß der Erwerber gegen sich gelten lassen.

[3] Für die zur Zeit der Anmeldung auf den Geschäftsanteil rückständigen Leistungen[4] ist der Erwerber neben dem Veräußerer verhaftet.

Entw. I, II, Komm., Rtg. 16. Begr. I 63, II 50. HGB. 222—224.

1. Die Anmeldung hat die Wirkung des Erwerbs der Gesellschaft gegenüber, sie ist an keine Form gebunden. Bei wiederholter Veräußerung genügt eine zusammenhängende Kette ordnungsmäßiger Erwerbungen. Die Gesellschaft hat die Legitimation des Erwerbers zu prüfen, wenn dieser anmeldet, desgleichen die Form. Zur Anmeldung ist sowohl der Erwerber als der Veräußerer befugt. Die Eintragung in ein von der Gesellschaft zu führendes Anteilsverzeichnis ist nicht vorgeschrieben, für größere Gesellschaften zweckmäßig (Begr. I 63).

2. Als Veräußerung gilt nicht bloß Abtretung, sondern z. B. auch Zwangsvollstreckung. Verpfändung gehört nicht hierher, auch nicht Veräußerung durch die Gesellschaft (23, 27, 28), ebenso nicht der Fall von 22 Abs. 4.

3. Haftung des Veräußerers ist hier keine subsidiäre, BGB. 421 ff. (anders bei 22). Die Gesellschaft ist nicht genötigt, sich zunächst an den Erwerber zu halten.

4. Zu den rückständigen Leistungen gehören eingeforderte, noch nicht berichtigte Einzahlungen auf Stammeinlagen oder Nachschüsse.

§ 17. Die Veräußerung[1] von Teilen[2] eines Geschäftsanteils kann nur mit Genehmigung der Gesellschaft stattfinden.

Die Genehmigung bedarf der schriftlichen Form; sie muß die Person des Erwerbers[3] und den Betrag bezeichnen, welcher von der Stammeinlage des ungeteilten Geschäftsanteils auf jeden der durch die Teilung entstehenden Geschäftsanteile[4] entfällt.

[5] Im Gesellschaftsvertrage kann bestimmt werden, daß für die Veräußerung von Teilen eines Geschäftsanteils an andere Gesellschafter, sowie für die Teilung von Geschäftsanteilen verstorbener Gesellschafter unter deren Erben eine Genehmigung der Gesellschaft nicht erforderlich ist.

Die Bestimmungen im § 5 Absatz 1 und 3 über den Betrag der Stammeinlagen finden bei der Teilung von Geschäftsanteilen entsprechende Anwendung.

Eine gleichzeitige Übertragung mehrerer Teile von Geschäftsanteilen eines Gesellschafters an denselben Erwerber ist unzulässig.[6]

Außer dem Falle der Veräußerung und Vererbung findet eine Teilung von Geschäftsanteilen nicht statt.

Sie kann im Gesellschaftsvertrage auch für diese Fälle ausgeschlossen werden.

Entw. I, II, Komm., Rtg. 17. Begr. I 64. II 51. KommBer. 6. HGB. 179 Abs. 3.

1. Grundsätzlich: Zulassung der Teilbarkeit, wobei die im Gesetz hervorgehobenen Fälle besonders in Betracht kommen. Veräußerung, freiwillige oder im Wege der Zwangsvollstreckung; auch für die Teilung unter Mitberechtigten zum Zweck der Auseinandersetzung (Begr. I 65, 15 Anm. 6). Für die Form gilt 15 Abs. 3. Die Teilung kann im Gesellschaftsvertrage gänzlich untersagt sein.

2. Die Teilung gilt erst durch die Veräußerung selbst als vollzogen.

3. „Die Genehmigung kann sowohl vor als auch nach der Abtretung oder auch gleichzeitig in der Urkunde über die Abtretung erfolgen. RG. v. 5. I. 04, ZfAG. 04, Nr. 7, 157, Rechtspr. **3** 67. Veräußerung an eine andere Person ungültig. Genehmigung durch die Geschäftsführer (RG. 28. II. 06, Monatsschrift 06, 202, Parisius u. Crüger 458). In der Genehmigungsurkunde muß auch der Betrag der dem Veräußerer verbleibenden Stammeinlage ziffernmäßig angegeben werden; für den inneren Geschäftsverkehr gelten 46 Pos. 4, 45 Abs. 2.

4. Die Teile gelten als selbständige Geschäftsanteile. 5 Abs. 1 und 3.

5. Abs. 3 ist in der Kommission beschlossen.

6. Sukzessive Übertragung mehrerer Teile, wie auch die gleichzeitige Übertragung eines ganzen Geschäftsanteils in Verbindung mit dem Teile eines anderen an denselben Erwerber ist zulässig (Begr. I 65, II 52).

§ 18. Steht ein Geschäftsanteil mehreren Mitberechtigten ungeteilt zu, so können sie die Rechte aus demselben nur gemeinschaftlich ausüben.[1]

Für die auf den Geschäftsanteil zu bewirkenden Leistungen haften sie der Gesellschaft solidarisch.[2]

Rechtshandlungen,[3] welche die Gesellschaft gegenüber dem Inhaber des Anteils vorzunehmen hat, sind, sofern nicht ein gemeinsamer Vertreter der Mitberechtigten vorhanden ist, wirksam, wenn sie auch nur gegenüber einem Mitberechtigten vorgenommen werden. Gegenüber mehreren Erben eines Gesellschafters findet diese Bestimmung nur in bezug auf Rechtshandlungen Anwendung, welche nach Ablauf eines Monats seit dem Anfalle der Erbschaft vorgenommen werden.[4]

Entw. I, II, Komm., Rtg. 18. Begr. I 66, II 52. GG. 77.

1. Eine Teilung des Geschäftsanteils unter die Mitberechtigten (Erben) hat unter Beobachtung von 15, 16, 17 zu erfolgen.

2. Gilt nicht ohne weiteres für die „Nebenleistungen". (Parisius u. Crüger 150.)

3. Insbesondere Zustellung der Klage. Statt „Anteil" müßte es heißen „Geschäftsanteil".

4. BGB. 187 Abs. 1, 188, 1942, 2176.

§ 19. Die Einzahlungen auf die Stammeinlagen sind nach Verhältnis der letzteren zu leisten.[1]

[2] Die Stammeinlagen können den Gesellschaftern[3] außer dem Falle einer Herabsetzung[4] des Stammkapitals weder erlassen noch gestundet werden. Eine Aufrechnung können die Gesellschafter nicht geltend machen; ebensowenig findet an dem Gegenstande einer nicht in Geld zu leistenden Einlage wegen

Forderungen, welche sich nicht auf den Gegenstand beziehen, ein Zurückbehaltungsrecht statt.[5]

[6]Eine Leistung auf die Stammeinlage, welche nicht in Geld besteht oder welche durch Aufrechnung einer für die Überlassung von Vermögensgegenständen zu gewährenden Vergütung bewirkt wird, befreit den Gesellschafter von seiner Verpflichtung nur, soweit sie in Ausführung einer nach § 5 Absatz 4 getroffenen Bestimmung erfolgt.[7]

Entw. I, II, Komm., Rtg. 19. Begr. I 66, II 53. HGB. 221. GG. 22.

1. Eine andere Heranziehung der Gesellschafter als nach Verhältnis der Stammeinlagen ist nicht statthaft (Begr. I 66). Beschlußfassung 46 Pos. 2, 45 Abs. 2. Die Einzahlungspflicht muß alle Gesellschafter gleichmäßig treffen. Vorbehalte bei der Zahlung sind wirkungslos. Einreden aus dem Erwerb des Geschäftsanteils zulässig.

2. Die Kommission hat Abs. 2 dahin abgeändert, daß Zahlungen auch nicht gestundet werden können. Erlaß setzt eine ausdrückliche Willenserklärung voraus.

3. Den Gesellschaftern stehen deren Rechtsvorgänger gleich.

4. Herabsetzung 58.

5. Nach RG. **41** 120 gilt das gleiche auch für den Aufrechnungs**vertrag**. Nur eine auf Umgehung der nach dem Gesetz erforderlichen Beschaffung von Geldmitteln für die Gesellschaft gerichtete Verrechnung ist unstatthaft. Die Vorschrift findet keine Anwendung auf den Fall, in dem die Aufrechnung vertragsmäßig in der Weise erfolgt, daß der Gesellschafter mit der einem Dritten gegen die Gesellschaft zustehenden Forderung gegen seine Einlageschuld aufrechnet, und der Dritte und die Gesellschaft dies ge-

nehmigen (RG. **54** 389). Zurückbehaltungsrecht BGB. 273; HGB. 369ff.

6. Nicht bloß ein Abkommen über eine Leistung ist ungültig, sondern jede nicht in Geld bestehende Leistung, es sei denn, daß sie im Gesellschaftsvertrage vorgesehen ist.

7. Hingabe an Zahlungsstatt würde andernfalls Änderung des Gesellschaftsvertrages, Eintragung in das Register und Veröffentlichung voraussetzen (Parisius u. Crüger 153).

§ 20. Ein Gesellschafter, welcher den auf die Stammeinlage eingeforderten Betrag nicht zur rechten Zeit einzahlt, ist zur Entrichtung von Verzugszinsen[1] von Rechts wegen verpflichtet.[2]

Entw. I, II, Komm., Rtg. 20, EHGB. Art. 11 VIII. Begr. I 68, II 54. HGB. 218.

1. HGB. 352 nicht anwendbar, sondern BGB. 288 — 4 % bzw. der Schaden (Parisius u. Crüger 154). Konventionalstrafen BGB. 339ff. Strafe statt Erfüllung zu fordern ist unzulässig nach 21. Es können auch Konventionalstrafen neben Verzugszinsen vorgesehen sein (vgl. RG. **9** 44). Über Herabsetzung der Strafen HGB. 343, 351, 348. Das Gesetz enthielt noch einen zweiten Absatz: „Im Gesellschaftsvertrage können für den Fall der verzögerten Einzahlung Konventionalstrafen ohne Rücksicht auf die sonst stattfindenden gesetzlichen Einschränkungen festgesetzt werden." Die Bestimmung ist mit Rücksicht auf BGB. 339 gestrichen.

2. Eine Bestimmung über die Form der Aufforderung fehlt; die Aufforderung muß in einer Form geschehen, welche nach allgemeinen Grundsätzen „geeignet ist, den Zahlungspflichtigen in Verzug zu setzen," Begr. I 69. — 20ff. beziehen sich nur auf bare Zahlungen; für Sacheinlagen gilt 8 Abs. 2.

§ 21. Im Falle verzögerter Einzahlung kann an den säumigen Gesellschafter eine erneute Aufforderung zur Zahlung binnen einer zu bestimmenden Nachfrist unter Androhung seines Ausschlusses mit dem Geschäftsanteil, auf welchen die Zahlung zu erfolgen hat, erlassen werden. Die Aufforderung erfolgt mittels eingeschriebenen Briefes. Die Nachfrist muß mindestens einen Monat betragen.[1]

Nach fruchtlosem Ablauf der Frist ist der säumige Gesellschafter seines Geschäftsanteils und der geleisteten Teilzahlungen zugunsten der Gesellschaft verlustig zu erklären.[2] Die Erklärung erfolgt mittels eingeschriebenen Briefes.[3]

Wegen des Ausfalls, welchen die Gesellschaft an dem rückständigen Betrage oder den später auf den Geschäftsanteil eingeforderten Beträgen der Stammeinlage erleidet, bleibt ihr der ausgeschlossene Gesellschafter verhaftet.[4]

Entw. I, II, Komm., Rtg. 21. Begr. I 69, II 55. HGB. 219.

1. Die Verwirkung des Geschäftsanteils als Folge der Nichtzahlung der Stammeinlage ist mit einzelnen Abweichungen aus dem Aktienrecht übernommen. Eine Verpflichtung zur Einleitung des Kaduzierungsverfahrens besteht nicht. Die Gesellschaft ist befugt, es gegen einzelne Säumige einzuleiten, gegen andere nicht. Die Gesellschaft kann auf ihr Ausschließungsrecht nicht verzichten (Rechtspr. **6** 191). Das Verfahren geht gegen den der Gesellschaft angemeldeten Erwerber (16). Bei Konkurs des Gesellschafters vgl. RG. **2** 264 RKO. 17. — Über die Folgen von Verstößen gegen die Form RG. **9** 41,

27 53. Über ungültigen Ausschluß Parisius u. Crüger 157; der Gesellschafter hat während des Verfahrens den Schutz durch Klage und einstweilige Verfügung (RG. 27 54, vgl. RG. **54** 394). Im Fall des Konkurses RKO. 27.

2. Nach eingeleitetem Verfahren muß die Verlustigerklärung erfolgen. Diese Erklärung ist notwendig für den Ausschluß. Der Geschäftsanteil fällt an die Gesellschaft (RG. **54** 394). Der Ausgeschlossene hat kein Recht, gegen Zahlung Übertragung des Geschäftsanteils zu fordern. In betreff der Nachschüsse 28.

3. Mit der Absendung des eingeschriebenen Briefes ist die Form erfüllt. Die Frist berechnet sich nach dem Kalendermonat, der Gesellschaftsvertrag kann die Frist verlängern.

4. Der Gesellschafter geht aller seiner Rechte verlustig, bleibt dagegen nach Maßgabe des Abs. 3 verhaftet (RG. v. 26. V. 99; JW. 444). Der Geschäftsanteil bleibt bestehen, die Rechte aus demselben ruhen, so lange er im Besitz der Gesellschaft bleibt. Haftung nur für den Ausfall, daher Verfahren nach 22, 23 nötig.

§ 22. Wegen des von dem ausgeschlossenen Gesellschafter nicht bezahlten Betrages der Stammeinlage ist der Gesellschaft der letzte und jeder frühere, bei der Gesellschaft angemeldete Rechtsvorgänger des Ausgeschlossenen verhaftet.[1]

Ein früherer Rechtsvorgänger haftet nur, soweit die Zahlung von dessen Rechtsnachfolger nicht zu erlangen ist; dies ist bis zum Beweise des Gegenteils anzunehmen, wenn der letztere die Zahlung nicht bis zum Ablauf eines Monats geleistet hat, nachdem an ihn die Zahlungsaufforderung und an den Rechtsvorgänger die Benachrichtigung von derselben erfolgt ist.[2]

Die Haftpflicht des Rechtsvorgängers ist auf die innerhalb der Frist von fünf Jahren auf die Stammeinlage eingeforderten Einzahlungen beschränkt.[3] Die Frist beginnt mit dem Tage, an welchem der Übergang des Geschäftsanteils auf den Rechtsnachfolger ordnungsmäßig angemeldet ist.

Der Rechtsvorgänger erwirbt gegen Zahlung des rückständigen Betrages den Geschäftsanteil des ausgeschlossenen Gesellschafters.[4]

Entw. I, II, Komm., Rtg. 22. Begr. I 70, II 55. HGB. 220, 221.

1. Die Haftung der Rechtsvorgänger ist subsidiär und im Falle einer Mehrheit von Vormännern eine sukzessive. Im Falle von 16 Abs. 3 prinzipale Haftung. Wenn der Vormann die Kaduzierung und die erfolglose Aufforderung nachweist, erlangt er einen Anspruch auf den Geschäftsanteil gegen Zahlung. In den Fällen, in denen es sich nicht um die Zahlung der Stammeinlage handelt, erlöschen mit dem Verkauf des Geschäftsanteils nicht bloß die Rechte, sondern auch die Pflichten des bisherigen Gesellschafters gegenüber der Gesellschaft, RG. v. 26. V. 99; JW. 444.

2. Es braucht Klage nicht durchgeführt zu sein.

3. Die Haftung erstreckt sich also nicht auf die Kosten und Verzugszinsen. — Präklusivfrist. Haftung für die innerhalb der Frist eingeforderten Zahlungen.

4. Einer besonderen Übertragung seitens der Gesellschaft bedarf es nicht (vgl. 15). Der Erwerb kann sich als Folge der geleisteten Zahlung ohne weiteres vollziehen. Vormann erwirbt gegen Zahlung Anspruch auf Geschäftsanteil.

§ 23. [1]Ist die Zahlung des rückständigen Betrages von Rechtsvorgängern nicht zu erlangen, so kann die Gesellschaft den Geschäftsanteil im Wege öffentlicher Versteigerung verkaufen lassen. Eine andere Art des Verkaufs ist nur mit Zustimmung des ausgeschlossenen Gesellschafters zulässig.

Entw. I, II, Komm., Rtg. 23, EHGB. Art. 11 IX. Begr. I 71, II 56.

1. Nach Gesetz von 1892 bestimmte der erste Satz Verkauf durch einen Makler oder zur Vornahme von Versteigerungen befugten Beamten. Die Bestimmung ist durch EHGB. beseitigt, da es amtliche Handelsmakler nicht mehr gibt. Weitere Haftung des Ausgeschlossenen 21 Abs. 3. Freihändiger Verkauf nicht an die Form von 15 gebunden. Der Käufer wird Rechtsnachfolger der Gesellschaft. Die Haftung aus 21 und 24 bleibt bestehen, auch wenn von dem Vorkaufsrecht kein Gebrauch gemacht wird.

§ 24. [1]Soweit eine Stammeinlage weder von den Zahlungspflichtigen eingezogen, noch durch Verkauf des Geschäftsanteils gedeckt werden kann,[2] haben die übrigen Gesellschafter[3] den Fehlbetrag nach Verhältnis ihrer Geschäftsanteile aufzubringen. Beiträge, welche von einzelnen Gesellschaftern nicht zu erlangen sind, werden nach dem bezeichneten Verhältnis auf die übrigen verteilt.[4]

Entw. I, II, Komm., Rtg. 24. Begr. I 40, 71, II 32, 56.

1. Den Gesellschaftern wird „eine Gesamthaftung dafür auferlegt, daß das im Gesellschaftsvertrage bestimmte Stammkapital vollständig zur Einzahlung gelangt, und daß auch nicht später eine Verminderung desselben durch unberechtigte Auszahlungen an die Gesellschafter stattfindet (24, 34)“ (Begr. I 40).

2. Die Deckungspflicht der Gesellschafter für Ausfälle am Stammkapital ist eine subsidiäre; sie tritt ein, „wenn die in 21 bis 23 bezeichneten Mittel zur Befriedigung der

Gesellschaft, d. h. die Ausschließung des betreffenden Gesellschafters, die Heranziehung etwaiger Rechtsvorgänger desselben, der Verkauf des Geschäftsanteils und die Inanspruchnahme des Ausgeschlossenen selbst, ohne Erfolg versucht sind oder von Anfang an als aussichtslos betrachtet werden müssen," (Begr. I 71). Haftung geht nur auf die Barzahlungen und ist eine Gesellschaftsverpflichtung. Unterlassene Beitragsleistung durch den deckungspflichtigen Gesellschafter hat nicht die Kaduzierung des Geschäftsanteils zur Folge.

3. Der kaduzierte Geschäftsanteil geht nicht auf die zur Deckung herangezogenen Mitgesellschafter über; er bleibt im Eigentum der Gesellschaft (Begr. I 72). Auch für später eingeforderte Einzahlungen haften die Mitgesellschafter des Ausgeschlossenen immer nur subsidiär.

4. Die Deckungspflicht der Gesellschafter trifft jeden derselben zunächst nur nach Verhältnis seines Geschäftsanteils und ist nur insofern solidarisch, als Beiträge, die „von einzelnen Gesellschaftern nicht zu erlangen sind, von den Zahlungsfähigen übernommen werden müssen". Minderung der Rechtsfolgen ist ausgeschlossen (25). Verschärfung der Haftung durch den Gesellschaftsvertrag ist zulässig.

§ 25. Von den in den §§ 21 bis 24 bezeichneten Rechtsfolgen können die Gesellschafter nicht befreit werden.

Entw. I, II, Komm., Rtg. 25. Begr. I 73, II 57 HGB. 320 Abs. 3, 221.

§ 26. Im Gesellschaftsvertrage kann bestimmt werden, daß die Gesellschafter über den Betrag der Stammeinlagen hinaus die Einforderung von weiteren Einzahlungen (Nachschüssen) beschließen[1] können.

Die Einzahlung der Nachschüsse hat nach Verhältnis der Geschäftsanteile zu erfolgen.[2]

Die Nachschußpflicht kann im Gesellschaftsvertrage auf einen bestimmten, nach Verhältnis der Geschäftsanteile festzusetzenden Betrag[3] beschränkt werden.[4]

Entw. I, II, Komm., Rtg. 26, Begr. I 40, 73, II 33, 58.

1. Nur wenn im Gesellschaftsvertrage die Einforderung von Nachschüssen außer den auf die Stammeinlagen zu leistenden Einzahlungen vorgesehen ist, können die Gesellschafter die Einforderung beschließen. Die Nachschußpflicht kann unbeschränkt sein (27) oder beschränkt (26); auch Verbindung der unbeschränkten und beschränkten Nachschußpflicht zulässig (27 Abs. 4); Parisius u. Crüger 164. Die Einforderung von Nachschüssen ist von der freien Entschließung der Gesellschaft abhängig, die Gläubiger haben kein Recht, Einziehung von Nachschüssen zu verlangen, sie setzt stets Beschluß voraus; ist die Einziehung beschlossen, so sind die Nachschüsse Forderungen der Gesellschaft und also Befriedigungsobjekte des Gläubigers (30). In der Nachschußpflicht ist keine „unmittelbare Erweiterung der Haftbarkeit für die Gesellschaftsschulden enthalten" (Begr. I 41). Sie beruht auf dem Mitgliedschaftsvertrage und geht auf den Erwerber des Geschäftsanteils über, der Beschluß der Gesellschaft ist die Bedingung, von der die Geltendmachung der Nachschußforderung abhängt; vgl. auch 28 Abs. 1. Über die Rückzahlung von Nachschüssen 30 Abs. 2, keine Anwendung finden 19 Abs. 2, 3. Durch nachträgliche Änderung des Gesellschaftsvertrages kann ohne Zustimmung sämtlicher Gesellschafter die Nachschußpflicht nicht eingeführt werden (53 Abs. 3). Für die Einstellung in die Bilanz 42 Pos. 3.

2. Also nach der Höhe der Stammeinlagen. Ein anderer Maßstab kann auch im Gesellschaftsvertrage nicht festgesetzt werden.

3. „Bei verschiedener Höhe der Stammeinlagen kann die betragsmäßige Beschränkung nur in einer Quote oder in einem Mehrfachen der Stammeinlage oder in einem Betrage, welcher dieser selbst gleichkommt, bestehen," Begr. I 74.

4. Über die Verwendung der eingezogenen Nachschüsse 30 Abs 2 und 42 Pos. 3 (Bilanz), 33 Abs. 2; das Gesetz läßt der Gesellschaft freie Hand, so lange das Stammkapital unversehrt ist.

§ 27. [1]Ist die Nachschußpflicht nicht auf einen bestimmten Betrag beschränkt, so hat jeder Gesellschafter, falls er die Stammeinlage vollständig eingezahlt hat,[2] das Recht, sich von der Zahlung des auf den Geschäftsanteil eingeforderten Nachschusses dadurch zu befreien, daß er innerhalb eines Monats nach der Aufforderung zur Einzahlung den Geschäftsanteil der Gesellschaft zur Befriedigung aus demselben zur Verfügung stellt.[3] Ebenso kann die Gesellschaft, wenn der Gesellschafter binnen der angegebenen Frist weder von der bezeichneten Befugnis Gebrauch macht, noch die Einzahlung leistet, demselben mittels eingeschriebenen Briefes erklären,[4] daß sie den Geschäftsanteil als zur Verfügung gestellt betrachte.[5]

Die Gesellschaft hat den Geschäftsanteil innerhalb eines Monats[6] nach der Erklärung des Gesellschafters oder der Gesellschaft im Wege öffentlicher Versteigerung verkaufen zu lassen. Eine andere Art des Verkaufs ist nur mit Zustimmung des Gesellschafters zulässig. Ein nach Deckung der Verkaufskosten und des rückständigen Nachschusses verbleibender Überschuß gebührt dem Gesellschafter.[7]

Ist die Befriedigung der Gesellschaft durch den Verkauf nicht zu erlangen, so fällt der Geschäftsanteil der Gesellschaft zu. Dieselbe ist befugt, den Anteil für eigene Rechnung zu veräußern.[8]

Im Gesellschaftsvertrage kann die Anwendung der vorstehenden Bestimmungen auf den Fall beschränkt werden, daß die auf den Geschäftsanteil eingeforderten Nachschüsse einen bestimmten Betrag[9] überschreiten.

Entw. I, II, Komm., Rtg. 27, EHGB. Art. 11. IX. Begr. I 41, 74, II 34, 58. HGB. 473. Allgemeines Berggesetz für die Preußischen Staaten vom 24. Juni 1865, 130ff.

1. 27 behandelt die im Betrage unbeschränkte, 28 die im Betrage beschränkte Nachschußpflicht. Das Recht des Gesellschafters, bei unbeschränkter Nachschußpflicht sich von der persönlichen Haftung für den eingeforderten Nachschuß dadurch zu befreien, daß er der Gesellschaft seinen Geschäftsanteil zur Verfügung stellt, ist nachgebildet dem Recht des Gewerken im Bergrecht, bei eingeforderter Zubuße auf seinen Kux zu verzichten, und dem Recht des Mitreeders im Seerecht, bei Einforderung gewisser von den Mitreedern beschlossener Beiträge seine Schiffspart aufzugeben.

2. Bei unbeschränkter Nachschußpflicht kann die Befreiung von der persönlichen Verbindlichkeit für die Nachschußzahlung nur erfolgen, wenn die Stammeinlage auf den Geschäftsanteil vollständig eingezahlt ist. Solange der Gesellschafter noch mit einem Teil der Stammeinlage im Rückstande ist, hat seine Erklärung, daß er den Geschäftsanteil zur Verfügung stelle, keine Wirkung. Die zweite Voraussetzung für Ausübung des Abandonrechts ist, daß das Recht innerhalb eines Monats nach der Aufforderung — für die wie bei 20 keine Form vorgeschrieben ist — geltend gemacht wird.

3. Diese Erklärung bewirkt zunächst nur, daß der Geschäftsanteil das alleinige Haftungsobjekt für den Nachschußanspruch der Gesellschaft bilden soll und die letztere befugt wird, sich durch außergerichtlichen Verkauf des Anteils zu befriedigen. Bis zur Vollziehung des Verkaufs bleibt der Gesellschafter Eigentümer des Geschäftsanteils. Ihm kommt der Überschuß aus dem Verkauf zu. Nur bei erfolglosem Ausgebot tritt der unmittelbare Übergang des Geschäftsanteils auf die Gesellschaft ein. Widerruf der Erklärung zulässig bei Leistung Zug um Zug.

4. Die Form der Erklärung der Gesellschaft ist die gleiche, wie im Fall der Kaduzierung (21).

5. Die Folgen dieser Erklärung der Gesellschaft sind die gleichen wie bei der Erklärung des Gesellschafters, daß er den Geschäftsanteil zur Verfügung stelle. Er behält sein Recht auf den Überschuß und ist nicht für einen Ausfall haftbar (anders im Fall 21 bei ausgebliebener Zahlung auf den Geschäftsanteil).

6. Wenn die Gesellschaft den Verkauf nicht binnen einem Monat bewirken läßt, ist ein späterer Verkauf nicht ungültig, aber die Gesellschaft zum Schadensersatz verpflichtet. Fristverlängerung bedarf der Zustimmung des Gesellschafters (Parisius u. Crüger 170).

7. Der Erlös aus dem Verkauf dient in erster Linie zur Befriedigung der Gesellschaft wegen ihrer Nachschußforderung. Auch ein Pfandgläubiger, dem der Gesellschafter den Geschäftsanteil verpfändet hat, muß der Gesellschaft gegenüber zurückstehen und kann nur den etwaigen Überschuß des Verkaufserlöses beanspruchen (Begr. I 76, 77, anders bei der Gewerkschaft des Preußischen Rechts, RG. 3 274).

8. Ist der Geschäftsanteil der Gesellschaft zugefallen, so ist sie in Art und Form der Verwertung unbeschränkt.

9. Es liegt hier Verbindung der unbeschränkten und beschränkten Nachschußpflicht vor. In den „Betrag" sind alle bis zu dem betreffenden Zeitpunkt auf den Geschäfts-

anteil eingezogenen Nachschüsse einzureihen, soweit nicht eine Rückzahlung stattgefunden hat, 30 Abs. 2 (Begr. 77).

§ 28. Ist die Nachschußpflicht auf einen bestimmten Betrag[1] beschränkt, so finden, wenn im Gesellschaftsvertrage nicht ein anderes festgesetzt ist,[2] im Falle verzögerter Einzahlung von Nachschüssen die auf die Einzahlung der Stammeinlagen bezüglichen Vorschriften der §§ 21 bis 23 entsprechende Anwendung. Das gleiche gilt im Falle des § 27 Absatz 4 auch bei unbeschränkter Nachschußpflicht, soweit die Nachschüsse den im Gesellschaftsvertrage festgesetzten Betrag nicht überschreiten.

Im Gesellschaftsvertrage kann bestimmt werden, daß die Einforderung von Nachschüssen, auf deren Zahlung die Vorschriften der §§ 21 bis 23 Anwendung finden, schon vor vollständiger Einforderung der Stammeinlagen zulässig ist.[3]

Entw. I. Entw. II, Komm., Rtg. 28, Begr. I 41, 77, II 34, 61.

1. Ist im Gesellschaftsvertrag ein Höchstbetrag festgestellt, den die Nachschüsse nicht übersteigen dürfen, so stellen mit dem Stammkapital zusammen die in Aussicht genommenen Nachschüsse ein von Anfang an für die Gesellschaft gesichertes Vermögen dar. 24 kommt nicht in Anwendung, kann aber durch Gesellschaftsvertrag eingeführt werden (Parisius u. Crüger 172), 53 Abs. 3 bei späterer Einführung zu beachten. Einforderung der Nachschüsse setzt auch bei beschränkter Nachschußpflicht Beschluß der Gesellschaft voraus (26).

2. Im Gesellschaftsvertrag kann den Gesellschaftern auch in den Fällen des Abs. 1 das Recht vorbehalten

werden, den Geschäftsanteil zur Verfügung zu stellen; dann aber darf nicht gleichzeitig das Recht der Einforderung von Nachschüssen vor Vollzahlung der Geschäftsanteile im Gesellschaftsvertrage bestimmt werden. Der Gesellschaftsvertrag kann auch die Bestimmung enthalten, „daß eine Haftung der Rechtsvorgänger für die Nachschüsse nicht stattfindet, sondern bei Zahlungssäumnis eines Nachschußpflichtigen der Geschäftsanteil desselben alsbald durch die Gesellschaft zu verkaufen ist" (Begr. I 79).

3. Es muß also die Einziehung der Nachschüsse vor Einforderung der vollständigen Stammeinlage **a**) im Gesellschaftsvertrage vorgesehen sein, und es müssen **b**) die Vorschriften 21—23 auf die Zahlung Anwendung finden — bei unbeschränkter Nachschußpflicht ist die Einforderung von Nachschüssen vor Vollzahlung bzw. Einforderung des Stammkapitals nicht zulässig (Parisius u. Crüger 172).

§ 29. Die Gesellschafter haben Anspruch[1] auf den nach der jährlichen Bilanz sich ergebenden Reingewinn, soweit nicht im Gesellschaftsvertrage ein anderes bestimmt ist.

Die Verteilung erfolgt nach Verhältnis der Geschäftsanteile. Im Gesellschaftsvertrage kann ein anderer Maßstab der Verteilung festgesetzt werden.

Entw. I, II, Komm., Rtg. 29. Begr. I 79, II 62. KommBer. 7. HGB. 213, 214 GG. 19.

1. Der Reingewinn ergibt sich aus der Jahresbilanz (42), die Verteilung unterliegt der Bestimmung der Gesellschafter, wenn der Gesellschaftsvertrag nicht anderes vorschreibt (46 Pos. 1, 45 Abs. 2). Voraussetzung der Verteilung ist Aufstellung einer Bilanz. Vor Deckung der Verwaltungskosten und der notwendigen Abschreibungen ist kein Reingewinn vorhanden. Entstehung des Anspruchs setzt richtige Bilanz voraus (RG. **32** 52ff., 92ff.). Erst nach Feststellung der

Dividende (und bzw. Genehmigung, wenn erforderlich) besteht ein Sonderrecht des einzelnen Gesellschafters; eines Verteilungsbeschlusses bedarf es nicht, wenn Gesellschaftsvertrag zwingende Bestimmungen enthält (RG. **15** 100, **22** 114); über Verjährung des Anspruchs auf Reingewinn (RG. **9** 31), Präklusivfrist. Bildung von Beamten-Unterstützungsfonds zulässig (ZfAG. 97, 151). Die Versammlung der Gesellschafter kann beschließen, wegen zweifelhafter Werte Spezialreserven zu bilden (RG. **4** 102); remuneratorische und im Geschäft übliche Schenkungen sind zulässig; Liberalitäten zulässig, soweit sie üblich und nicht durch Bestimmungen des Statuts ausgeschlossen.

Festsetzung der Jahresbilanz 46 Pos. 1, 45 Abs. 2. — Das Statut kann die Mitwirkung der Gesellschafter auch ausschließen. Zu Unrecht ausgezahlte Dividenden 31, 32. Ausstellung von Dividendenscheinen ist zulässig (Parisius u. Crüger 176).

§ 30. Das zur Erhaltung des Stammkapitals[1] erforderliche Vermögen der Gesellschaft darf an die Gesellschafter nicht ausgezahlt werden.[2]

Eingezahlte Nachschüsse können, soweit sie nicht zur Deckung eines Verlustes am Stammkapital erforderlich sind, an die Gesellschafter zurückgezahlt werden. Die Zurückzahlung darf nicht vor Ablauf von drei Monaten[3] erfolgen, nachdem der Rückzahlungsbeschluß durch die im Gesellschaftsvertrage für die Bekanntmachungen der Gesellschaft bestimmten öffentlichen Blätter[4] und in Ermangelung solcher durch die für die Bekanntmachungen aus dem Handelsregister bestimmten öffentlichen Blätter bekannt gemacht ist. Im Falle des § 28 Absatz 2 ist die Zurückzahlung von Nachschüssen vor der Volleinzahlung des Stammkapitals unzulässig.[5] Zurückgezahlte Nachschüsse gelten als nicht eingezogen.[6]

Entw. I, II, Komm., Rtg. 30. Begr. I 79, II 62. KommBer. 7. HGB. 213, 215. GG. 22 Abs. 2.

1. „Das Stammkapital" bedeutet hier wie auch sonst im Gesetz „das im Gesellschaftsvertrage festgesetzte Sollvermögen, welchem das Aktivvermögen der Gesellschaft als Deckung gegenübersteht" (Begr. I 79, II 62). Der Rückzahlung steht gleich Rückgabe unter der Bedingung des Wiederauflebens der Forderung, vgl. RG. 27 12. Wird Erhöhung des Stammkapitals beschlossen, so können die Nachschüsse auf die Stammeinlage verrechnet werden (Parisius u. Crüger 153). Die Vorschrift bezieht sich nur auf das Stammkapital, zu dem auch die Sacheinlagen gehören.

2. Feste Zinsen für die Geschäftsanteile dürfen nicht versprochen werden.

3. Rückzahlung 46 Pos. 3. Der Rückzahlung steht gleich der Erlaß beschlossener aber noch nicht gezahlter Nachschüsse (Parisius u. Crüger 178). Voraussetzung: a) Beschluß der Gesellschafter mangels anderer Regelung im Gesellschaftsvertrag. b) Das Stammkapital muß voll eingezahlt sein. Für den Fall der inzwischen beschlossenen Erhöhung des Kapitals gilt das Verbot nicht (Parisius u. Crüger 179). Die Komm. hat die Frist „nicht vor Ablauf von drei Monaten" eingefügt, die Frist solle „vom Tage der ersten Bekanntmachung" berechnet werden. Ferner hat sie aus den Erklärungen der Regierung hervorgehoben, daß es sich hier „nur um wirkliche Rückzahlungen von Nachschüssen handeln kann und nicht um andere Verwendungen von Nachschüssen, wie etwa zu Abschreibungen, und daß die dreimonatige Frist nicht die Bedeutung der Frist wegen der Herabsetzung oder Rückzahlung des Stammkapitals haben soll, wie denn namentlich ein Aufgebot der Gesellschaftsgläubiger nicht stattfindet, es diesen vielmehr überlassen bleibt, gegebenenfalls die ihnen

geeignet erscheinenden Maßregeln zu ihrer Sicherung zu ergreifen."

4. Öffentliche Blätter (HGB. 11).

5. Dieser Satz ist erst von der Kommission eingefügt.

6. 28 und 27 Abs. 4.

§ 31. Zahlungen, welche den Vorschriften des § 30 zuwider geleistet sind, müssen der Gesellschaft erstattet werden.[1]

War der Empfänger in gutem Glauben, so kann die Erstattung nur insoweit verlangt werden, als sie zur Befriedigung der Gesellschaftsgläubiger erforderlich ist.

Ist die Erstattung von dem Empfänger[2] nicht zu erlangen, so haften für den zu erstattenden Betrag, soweit er zur Befriedigung der Gesellschaftsgläubiger erforderlich ist, die übrigen Gesellschafter nach Verhältnis ihrer Geschäftsanteile. Beiträge, welche von einzelnen Gesellschaftern nicht zu erlangen sind, werden nach dem bezeichneten Verhältnis auf die übrigen verteilt.

Zahlungen, welche auf Grund der vorstehenden Bestimmungen zu leisten sind, können den Verpflichteten nicht erlassen werden.[3]

Die Ansprüche der Gesellschaft verjähren[4] in fünf Jahren; die Verjährung beginnt mit dem Ablauf des Tages, an welchem die Zahlung, deren Erstattung beansprucht wird, geleistet ist. Fällt dem Verpflichteten eine bösliche Handlungsweise zur Last, so findet die Bestimmung keine Anwendung.

Für die in den Fällen des Absatz 3 geleistete Erstattung einer Zahlung sind den Gesellschaftern die Geschäftsführer, welchen in betreff der geleisteten Zahlung ein Verschulden zur Last fällt, solidarisch zum Ersatze verpflichtet.[5]

Entw. I, Entw. II, Komm., Rtg. 31. Begr. I 81, II 63. KommBer. 8. HGB. 217.

1. „Unter welchem Titel die Auszahlung an die Gesellschafter erfolgt war, ob als Gewinnverteilung, als Rückgewähr von Nachschüssen, ob als Stammeinlagen oder unter welcher anderen Bezeichnung, ist gleichgültig. Auch wird die Erstattungspflicht dadurch nicht ausgeschlossen, daß die Zahlung auf Grund einer formrichtigen Bilanz durch einen Gesellschaftsbeschluß gutgeheißen war. Die materielle Unrichtigkeit der Bilanz genügt." Die Bestimmung des Abs. 1 „enthält in Verbindung mit der nach Abs. 3 eventuell eintretenden Kollektivhaftung der übrigen Gesellschafter eine der hauptsächlichsten Garantien, welche der Entwurf zum Schutz der Gesellschaftsgläubiger vorsieht." . . . „Jeder einzelne Teilnehmer erhält dadurch ein besonderes Interesse, persönlich auf solide Geschäftsführung und vorsichtige Aufstellung der Bilanzen hinzuwirken" (Begr. I 81, II 64). Die Bestimmung bezieht sich auch auf Sacheinlagen.

2. Der der Gesellschaft angehört oder zur Zeit der Zahlung angehört hat (Begr. I 82). Es kommt allein auf den guten Glauben des Gesellschafters an, an den die Zahlung erfolgt ist, und muß gutgläubig im Augenblick der Zahlungsempfangnahme gewesen sein (vgl. Parisius u. Crüger 181). Kollektivhaftung entspricht 24 mit dem Unterschiede, daß die Gesamthaftung auch mit Bezug auf die **mala** fide-Empfänger und seitens derselben nur insoweit besteht, als sie zur Befriedigung der Gläubiger erforderlich ist.

3. Kompensation zulässig, anders bei 19. — Vgl. 24. — Erlaß setzt ausdrückliche Willenserklärung voraus.

4. Können dann also auch nicht einredeweise geltend gemacht werden. Nur die Gesellschaft ist klageberechtigt.

5. Haftung der Geschäftsführer 43 Abs. 3. Auch den Gesellschaftern gegenüber können sich die Geschäftsführer darauf berufen, daß sie in Ausführung eines Beschlusses der Gesellschafter gehandelt haben. Vgl. aber Parisius u. Crüger 183 für den Fall, daß die Geschäftsführer den Beschluß schuldhafterweise veranlaßt haben.

§ 32. Liegt die im § 31 Absatz 2 bezeichnete Voraussetzung nicht vor,[1] so sind die Gesellschafter in keinem Falle verpflichtet, Beträge, welche sie in gutem Glauben als Gewinnanteile bezogen haben, zurückzuzahlen.

Entw. I, Entw. II, Komm., Rtg. 32. Begr. I 83, II 65. HGB. 217.

1. Es handelt sich um eine Auszahlung von Gewinn, die sich als ungerechtfertigt darstellt, aber eine Schmälerung des Stammkapitals nicht enthält. Nur der gutgläubige Empfänger wird geschützt. Für den bösgläubigen gelten die allgemeinen Grundsätze (BGB. 812ff.). Vgl. betreffs Richtigstellung der Bilanz die Rechtsprechung bei Parisius u. Crüger GG. 355.

§ 33. Die Gesellschaft darf eigene Geschäftsanteile, auf welche die Stammeinlage noch nicht vollständig eingezahlt ist, nicht erwerben.[1]

Sie soll auch eigene Geschäftsanteile, auf welche die Stammeinlage vollständig eingezahlt ist, nicht erwerben, sofern nicht der Erwerb aus dem über den Betrag des Stammkapitals hinaus vorhandenen Vermögen geschehen kann.[2]

Entw. I, II, Komm., Rtg. 33. Begr. I 84, II 65. HGB. 226, GG. 22 Abs. 2.

1. Zuwiderlaufende Geschäfte sind nichtig (RG. **36** 37). Eine Annahme des Geschäftsanteils zum Pfande ist gestattet, die Gesellschaft ist auch nicht gehindert, im Falle der Zwangsvollstreckung gegen einen Gesellschafter dessen Geschäftsanteil pfänden zu lassen (Begr. I 84). Die Fälle der 21, 27 Abs. 3, 28 kommen hier natürlich nicht in Betracht. Erwirbt die Gesellschaft Geschäftsanteile, wobei Form nach 15 nicht zu beobachten ist, so tritt ein Ruhen aller mit ihnen verbundenen Rechte ein (Parisius u. Crüger 185). Zum Zweck der Weiterveräußerung von Geschäftsanteilen Erwerb nur nach 33 zulässig. Erwerb zum Zweck der Herabsetzung des Stammkapitals 34, 58.

2. Erwirbt die Gesellschaft gleichwohl aus dem Stammkapital Geschäftsanteile, so ist der Erwerb gültig, es liegt aber Pflichtverletzung der Geschäftsführer vor. In diesem Falle würde nur eine Schadensersatzpflicht der Geschäftsführer entstehen. — Anlage der Reserven in Geschäftsanteilen ist nach der Fassung zulässig.

§ 34. Die Einziehung (Amortisation)[1] von Geschäftsanteilen[2] darf nur erfolgen, soweit sie im Gesellschaftsvertrage[3] zugelassen ist.

Ohne die Zustimmung des Anteilsberechtigten findet die Einziehung nur statt, wenn die Voraussetzungen[4] derselben vor dem Zeitpunkt, in welchem der Berechtigte den Geschäftsanteil erworben hat, im Gesellschaftsvertrage festgesetzt waren.

Die Bestimmung im § 30 Absatz 1 bleibt unberührt.

Entw. I, II, **Komm.**, Rtg. 34. Begr. I 85, II 66. KommBer. 8. HGB. 227.

1. Nicht Kraftloserklärung von Urkunden, sondern Ausscheidung von Mitgliedschaftsrechten. Die auf gänzliche Beseitigung von Anteilen gerichtete Einziehung oder Amorti-

sation derselben ist unter Umständen „ein geeignetes Mittel, um eine beschlossene Reduktion des Stammkapitals zur Ausführung zu bringen, oder auch ohne eine solche durch Verminderung der Zahl der Beteiligten die Rentabilität des Unternehmens für die Verbleibenden zu erhöhen". Sie ermöglicht „einzelnen Gesellschaftern ein Ausscheiden aus der Gesellschaft auch ohne Übertragung des Anteils an Dritte" (Begr. I 85). Voraussetzung: Amortisation muß im Gesellschaftsvertrag zugelassen sein — der betreffende Anteilsberechtigte muß seine Zustimmung erklären, falls nicht die Voraussetzungen der Einziehung vor dem Zeitpunkt, in welchem er den Geschäftsanteil erworben hat, im Gesellschaftsvertrage festgesetzt waren — das Stammkapital darf nicht geschmälert werden — die zu amortisierende Stammeinlage muß voll gezahlt sein.

2. „Geschäftsanteile, auf welche die Stammeinlage noch nicht vollständig eingezahlt ist, dürfen unter allen Umständen nur nach Maßgabe der Vorschriften über die Herabsetzung des Stammkapitals eingezogen werden" (58 Abs. 2, Begr. a. a. O.).

3. Die Bestimmung über die Amortisation braucht nicht schon bei Errichtung der Gesellschaft getroffen zu sein, auch eine nachträgliche Änderung des Gesellschaftsvertrages muß genügen, wobei es aber immer bei der Bestimmung des Abs. 2 bleibt (Johow **25** 258). Für die Einziehung im einzelnen Falle bedarf es außerdem nach 46 Pos. 4 (45 Abs. 2) im Zweifel eines Beschlusses der Gesellschafter.

4. Unter „Voraussetzungen" ist die Art der Amortisation zu verstehen (Parisius u. Crüger 188).

Dritter Abschnitt.

Vertretung und Geschäftsführung.

§ 35. Die Gesellschaft wird durch die Geschäftsführer[1] gerichtlich und außergerichtlich vertreten.[2]

Dieselben haben in der durch den Gesellschaftsvertrag bestimmten Form ihre Willenserklärungen kundzugeben und für die Gesellschaft zu zeichnen. Ist nichts darüber bestimmt, so muß die Erklärung und Zeichnung durch sämtliche Geschäftsführer[3] erfolgen. Ist der Gesellschaft gegenüber eine Willenserklärung abzugeben, so genügt es, wenn dieselbe an einen der Geschäftsführer erfolgt.[4]

[5]Die Zeichnung geschieht in der Weise, daß die Zeichnenden zu der Firma der Gesellschaft ihre Namensunterschrift beifügen.

Entw. I, II, Komm., Rtg. 35. Begr. I 87, II 68. HGB. 231 Abs. 1, 232, 233. GG. 24 Abs. 1, 25.

1. Bestellung des Geschäftsführers 6, 46 Pos. 5; über Bestellung durch das Gericht Parisius u. Crüger 112; Bestellung beruht auf Dienstvertrag bzw. Auftrag (BGB. 611, 662). Widerruf 38. Der Regelung der Stellung durch den Gesellschaftsvertrag ist der weiteste Raum gelassen; nur im Gesellschaftsvertrag kann die Art der Vertretung geregelt werden (6). Die Geschäftsführer bilden in ihrer Gesamtheit ein Organ der Gesellschaft wie der Vorstand der AktG. und der Genossenschaft. Die Geschäftsführer sind die gesetzlichen Vertreter. Das Verbot im HGB. 236 (Betrieb von Geschäften im Handelszweige der Gesellschaft) ist nicht aufgenommen.

2. Die Geschäftsführer können in Sachen der Gesellschaft nicht Zeugen sein (RG. v. 30. V. 02, ZfAG. 03 Nr. 3 S. 186); CPO. 383 Pos. 5 für den Fall der Zeugnisverweigerung bei Geschäftsgeheimnissen (Auskunft über Inanspruchnahme des Kredits). Es erscheint zulässig, daß ein Geschäftsführer für die Gesellschaft mit sich selbst oder in dieser Eigenschaft mit sich selbst als Stellvertreter eines Dritten einen Vertrag abschließt (RG. 7 119, trotz BGB. 181, vgl. Parisius u. Crüger 194). Das RG. hat

(**56** 104) ausgeführt daß ein Rechtsgeschäft, das ein Vertreter entgegen BGB. 181 mit sich selbst abschließt, wie eine Vollmachtsüberschreitung zu behandeln ist, in seiner Wirksamkeit daher von der Genehmigung der Vertreter abhängt. Buchführung und Bilanz 41.

3. Das Gesetz geht von der Kollektivvertretung aus (Parisius u. Crüger 190 ff.), was sich auch auf mündliche Erklärungen bezieht. Die Kollektivvertretung kann aus konkludenten Handlungen geschlossen werden (RG. **40** 19; Johow **20** 76); über die Erklärung Dritten gegenüber RG. **61** 223. Ausschluß einzelner Geschäftsführer von Vertretung und Geschäftsführung unzulässig. (Johow **29** 94). Über das Zusammenwirken mit Prokuristen Johow **29** 95; Parisius u. Crüger 191. Bevollmächtigung eines Geschäftsführers RG. **24** 27. Unzulässig ist die Mitwirkung persönlich interessierter Geschäftsführer (Parisius u. Crüger 195). Soll dem einzelnen Geschäftsführer als solchem die selbständige Vertretung zustehen, so bedarf es einer besonderen Bestimmung des Gesellschaftsvertrages. Die Art der Vertretung kann nur im Gesellschaftsvertrag geregelt werden. Über die Haftung der Gesellschaft für die Handlungen eines Geschäftsführers vgl. 36 Anm. 1.

4. Der letzte Satz des Abs. 2 ist von der Kommission hinzugefügt (CPO. 171).

5. Abs. 3 ist nur Ordnungsvorschrift, deren Nichtbeachtung für die Verpflichtung und Berechtigung der Gesellschaft ohne Einfluß ist (36; RG. **50** 60, Johow **13** 171). „Namensunterschrift" ist erforderlich, Nachbildung derselben genügt nicht.

§ 36. Die Gesellschaft wird durch die in ihrem Namen von den Geschäftsführern vorgenommenen Rechtsgeschäfte berechtigt und verpflichtet;[1] es ist gleichgültig, ob das Geschäft ausdrücklich im Namen der Gesellschaft vorgenommen worden ist, oder ob die Umstände ergeben, daß es nach dem Willen der

Beteiligten für die Gesellschaft vorgenommen werden sollte.[2]

Entw. I, II, Komm., Rtg. 36. Begr. I 87, II 68. BGB. 164, GG. 26 Abs. 1.

1. Die Vertretungsbefugnis der Geschäftsführer ist Dritten gegenüber unbeschränkt und unbeschränkbar (37 Abs. 2). Die entsprechende Bestimmung ist als „überflüssig" in das HGB. für AG. nicht aufgenommen. Über Verantwortung der Gesellschaft für Verschulden der Geschäftsführer Parisius u. Crüger 197, BGB. 31, RG. **57** 93.

2. Die Rechtsgültigkeit der Handlungen der Geschäftsführer wird nicht durch deren Eintragung in das Handelsregister bedingt.

§ 37. Die Geschäftsführer sind der Gesellschaft gegenüber verpflichtet, die Beschränkungen einzuhalten, welche für den Umfang ihrer Befugnis, die Gesellschaft zu vertreten, durch den Gesellschaftsvertrag oder, soweit dieser nicht ein anderes bestimmt, durch die Beschlüsse der Gesellschafter festgesetzt sind.[1]

Gegen dritte Personen hat eine Beschränkung der Befugnis der Geschäftsführer, die Gesellschaft zu vertreten, keine rechtliche Wirkung.[2] Dies gilt insbesondere für den Fall, daß die Vertretung sich nur auf gewisse Geschäfte oder Arten von Geschäften erstrecken oder nur unter gewissen Umständen oder für eine gewisse Zeit oder an einzelnen Orten stattfinden soll, oder daß die Zustimmung der Gesellschafter oder eines Organs der Gesellschaft für einzelne Geschäfte erfordert ist.

Entw. I, II, Komm., Rtg. 37. Begr. I 87, II 68. HGB. 235. GG. 27.

1. Die Beschränkung darf nicht soweit gehen, daß die Geschäftsführung den Geschäftsführern entzogen wird (35). Der Gesellschaftsvertrag kann auch die Selbständigkeit der Geschäftsführer sichern. An gesetzwidrige oder statutenwidrige Beschlüsse der Gesellschaft sind die Geschäftsführer nicht gebunden, Parisius u. Crüger 199 (vgl. 43 Abs. 3), RG. **49** 149 betr. die Anfechtung namens der Gesellschaft, der Geschäftsführer kann namens der Gesellschaft Klage erheben. Geschäftsführer können nicht im voraus von ihren Obliegenheiten entbunden werden, nur nachträglich kann auf Entschädigungsansprüche verzichtet werden. Über die Wirkung der Entlastung Parisius u. Crüger 199. Über die Folgen, wenn die Geschäftsführer die Beschränkungen unberücksichtigt lassen Parisius u. Crüger 199; RG. **35** 83.

2. Kenntnis des Dritten begründet nur dann eine exceptio doli für die Gesellschaft, wenn der Geschäftsführer arglistig gegen sie handelte und der Dritte daran teilnahm (RG. **9** 149, **24** 59 ff.). Auch die Beschränkungen des Gesetzes haben nur interne Bedeutung. Über die Stellung des Registerrichters und Grundbuchrichters als Dritte Parisius u. Crüger GG. 276.

§ 38. Die Bestellung der Geschäftsführer ist zu jeder Zeit widerruflich, unbeschadet der Entschädigungsansprüche aus bestehenden Verträgen.[1]

Im Gesellschaftsvertrage kann die Zulässigkeit des Widerrufs auf den Fall beschränkt werden, daß wichtige Gründe denselben notwendig machen. Als solche Gründe sind insbesondere grobe Pflichtverletzung oder Unfähigkeit zur ordnungsmäßigen Geschäftsführung anzusehen.[2]

Entw. I, II, Komm., Rtg. 38. Begr. I 87, II 68. HGB. 231 Abs. 3. GG. 24 Abs. 3.

1. Über die Berechtigung des Widerrufs entscheidet richterliches Ermessen; der Widerruf bleibt auch dann bestehen, wenn der Geschäftsführer im Gesellschaftsvertrag ernannt ist (6 Anm. 2). In Konsequenz der Entscheidung des RG. (vgl. 47 Anm. 4), daß der Gesellschafter nicht mitstimmen kann bei seiner Bestellung zum Geschäftsführer (Johow **25** 253), müßte angenommen werden, daß auch bei dem „Widerruf" er nicht mitstimmen kann, dagegen RG. v. 22. II. 05, DJZ. 05 493, vgl. Parisius u. Crüger 238. Auf Wiedereinsetzung in die Tätigkeit geht die Klage nur dann, wenn die Zulässigkeit des Widerrufs auf wichtige Gründe beschränkt ist (RG. **44** 98). Die für Handlungsbevollmächtigte gegebenen Vorschriften kommen nicht zur Anwendung. Entschädigung besteht in dem Anspruch auf vertragsmäßige Vergütung, Parisius u. Crüger 460. Über Rücktritt des Geschäftsführers BGB. 626, 671.

2. Der letzte Satz des Abs. 2 ist in der Kommission hinzugefügt, vgl. BGB. 712. Ein „wichtiger" Grund kann darin liegen, daß der Geschäftsführer gegen Dritte sich des Spieleinwands bedient hat (RG. 53, 266; Parisius u. Crüger 204, 460). Gänzliche Ausschließung des einseitigen Widerrufs ist nicht zugelassen. Widerruf 46 Pos. 5. Für die Eintragung kommt 39 zur Anwendung. Der Widerruf ist ohne Verzug einzutragen, dem Betroffenen bleibt Verfolgung seines Rechts überlassen; vgl. FGG. 123 über das Verhältnis von Prozeßgericht und Registergericht, Parisius u. Crüger 203; Monatsschrift 04, 86.

§ 39.*) Jede Änderung in den Personen der Geschäftsführer sowie die Beendigung der Vertetungs-

*) Nach § 39 folgte in dem Gesetz von 1892 als § 40:

Eine Änderung in den Personen der Geschäftsführer, eine Beendigung der Vollmacht eines Geschäftsführers, sowie eine Änderung des Gesellschaftsvertrages rücksichtlich

befugnis eines Geschäftsführers ist zur Eintragung in das Handelsregister anzumelden.[1,2]

Der Anmeldung ist eine Abschrift der Urkunden über die Bestellung der Geschäftsführer oder über die Beendigung der Vertretungsbefugnis beizufügen.[3] Diese Bestimmung findet auf die Anmeldung zum Handelsregister einer Zweigniederlassung keine Anwendung.

Die Geschäftsführer haben ihre Unterschrift zur Aufbewahrung bei dem Gerichte zu zeichnen.[4]

Entw. I, II, Komm., Rtg. 39. EHGB. Art. 11 X. Begr. I 88, II 69. HGB. 234. GG. 28.

1. Nach dem Gesetz von 1892 sollte auch eine „erneute Bestellung" zur Eintragung angemeldet werden. Anmeldung hat erst nach Beginn des Amtes zu erfolgen. Legitimation durch Bestellungsurkunden (z. B. Protokoll) oder beglaubigte Abschrift. Auch beim Gericht der Zweigniederlassung HGB. 13. Bedeutung der Eintragung HGB. 15;

---

der Form für Willenserklärungen der Geschäftsführer kann, solange sie nicht in das Handelsregister eingetragen und öffentlich bekannt gemacht ist, einem Dritten von der Gesellschaft nur entgegengesetzt werden, wenn letztere beweist, daß der Dritte beim Abschlusse des Geschäfts von der Änderung oder Beendigung Kenntnis hatte.

Nach geschehener Eintragung und Bekanntmachung muß der Dritte, sofern nicht durch die Umstände die Annahme begründet wird, daß er beim Abschlusse des Geschäfts die Änderung oder Beendigung weder gekannt habe, noch habe kennen müssen, dieselbe gegen sich gelten lassen.

Entw. I, II, Komm., Rtg. 40. Begr. I 88, II 68.

Die Bestimmung ist durch EHGB. Art. 11 XI beseitigt mit Rücksicht auf HGB. 15.

die Rechtswirksamkeit der Bestellung, des Widerrufs ist nicht von der Eintragung abhängig. Veröffentlichung HGB. 10. Ordnungsstrafen 79, HGB. 14.

2. Form der Anmeldung, es brauchen nicht sämtliche Geschäftsführer mitzuwirken (vgl. 78), Beglaubigung notwendig bei schriftlicher Anmeldung (HGB. 12), vgl. FGG. 129 für Anmeldung durch den Notar. Ausscheidende Geschäftsführer wirken nicht mit (vgl. ZfAG. 96, 128 für den Fall, daß nur ein Geschäftsführer vorhanden und noch kein Nachfolger bestellt ist); wird die Beendigung der Vollmacht eingetragen, so bedarf es nicht der Beibringung von Urkunden, aus welchen die Tatsache der Beendigung sich ergibt, Johow **16** 23.

3. Das Kammergericht nimmt an, daß das Gericht diese Urkunden zu prüfen hat (Johow **25** 253).

4. HGB. 12. Das Gesetz von 1892 forderte Zeichnung vor dem Gericht oder Einreichung in beglaubigter Form.

§ 40. Alljährlich im Monat Januar haben die Geschäftsführer eine von ihnen unterschriebene Liste der Gesellschafter,[1] aus welcher Name, Vorname, Stand und Wohnort der letzteren sowie ihre Stammeinlagen zu entnehmen sind,[2] zum Handelsregister einzureichen.[3] Sind seit Einreichung der letzten Liste Veränderungen hinsichtlich der Person der Gesellschafter und des Umfangs ihrer Beteiligung nicht eingetreten, so genügt die Einreichung einer entsprechenden Erklärung.

Entw. I, Entw. II, Komm., Rtg. 41. Begr. I 89, II 69. GG. 15.

1. Die Liste der Gesellschafter ist öffentlich (HGB. 9).

2. Eine vollständige Liste sämtlicher Gesellschafter ist einzureichen, nicht bloß eine Anzeige der eingetretenen

Änderungen. Einreichung auch beim Gericht der Zweigniederlassung HGB. 13. Die Liste ist in der für die Willenserklärungen der Geschäftsführer vorgeschriebenen Art zu unterzeichnen, Johow **30** 137, vgl. 78.

3. Ordnungsstrafen 79 HGB. 14. Zweigniederlassung HGB. 13.

§ 41. Die Geschäftsführer sind verpflichtet, für die ordnungsmäßige Buchführung der Gesellschaft zu sorgen.[1]

Sie müssen in den ersten drei Monaten des Geschäftsjahres die Bilanz für das verflossene Geschäftsjahr nebst einer Gewinn- und Verlustrechnung aufstellen.[2]

Durch den Gesellschaftsvertrag kann die bezeichnete Frist bis auf sechs Monate, bei Gesellschaften, deren Unternehmen den Betrieb von Geschäften in überseeischen Gebieten zum Gegenstande hat, bis auf neun Monate erstreckt werden.

Für Gesellschaften, bei welchen der Gegenstand des Unternehmens im Betriebe von Bankgeschäften besteht, ist die Bilanz innerhalb der vorbezeichneten Fristen in den im § 30 Absatz 2 bestimmten öffentlichen Blättern durch die Geschäftsführer bekannt zu machen. Die Bekanntmachung ist zum Handelsregister einzureichen.[3]

Entw. I, II, Komm., Rtg. 42. Begr. I 90, II 70. KommBer. 7. HGB. 239, 260 Abs. 2, 263 Abs. 1 u. 2. GG. 33.

1. Es handelt sich um Verpflichtungen der Geschäftsführer als Organ. Die strafrechtliche Verantwortlichkeit (RKO. 244) trifft alle Geschäftsführer. Die Bilanz gehört

zur Buchführung (RG. Strafsachen **13** 237 ff., 355 ff.). Eröffnungsbilanz HGB. 39, RG. Strafsachen **29** 223. Buchführung HGB. 38; das HGB. bezeichnet nicht die Bücher, die zu führen sind, es müssen die Bücher die Übersicht der Vermögenslage zulassen. Inventare und Bilanzen bilden einen Teil der Buchführung.

2. Die Bilanz, Augenblicksbild, ist von allen Geschäftsführern zu unterzeichnen (HGB. 41. RG. Strafsachen **13** 238). Die Bekanntmachung erfolgt mit der sonst üblichen Zeichnung. Bilanz ist summarische Zusammen- und Gegenüberstellung der Aktiven und Passiven, notwendig ist eine nach kaufmännischen Grundsätzen aufgestellte Bilanz (ROHG. **12** 17; RG. **25** 55; Johow **23** 23, **24** 201). Über Eröffnungsbilanz HGB. 39. Notwendig ist ein Inventar für die Aktiv- und die Passivseite.

Die „Aufstellung" der Jahresbilanz erfolgt durch die Geschäftsführer, die Feststellung durch die Gesellschafter. (Vgl. 46 Pos. 1 u. 48 Abs. 2). RG. v. 28. X. 01. (RG. **49** 142) verneint, daß Geschäftsführer Klagerecht auf Feststellung haben (46 Anm. 1). Überschuldung 64.

3. Die Veröffentlichung der Bilanz findet in der Regel nicht statt; Kommission hat den Absatz 4 beigefügt, wonach Bankgeschäften Veröffentlichung und Einreichung zum Handelsregister obliegt. Ordnungsstrafe 79, HGB. 14, das Registergericht entscheidet daher, ob Bilanz zu veröffentlichen ist. Über Begriff „Bankgeschäft" Johow **22** 285. Es ist Tatfrage. Bekanntmachung muß in deutscher Sprache erfolgen, Johow **4** 42. Das Blatt für die Bekanntmachung braucht kein deutsches zu sein (Johow **22** 285). Bilanz muß innerhalb der Frist nicht nur aufgestellt, sondern auch genehmigt sein (Parisius u. Crüger 212, 215).

§ 42. Für die Aufstellung der Bilanz[1] kommen die Vorschriften des § 40 des Handelsgesetzbuchs mit folgenden Maßgaben zur Anwendung:

1. Anlagen und sonstige Vermögensgegenstände, welche nicht zur Weiterveräußerung, sondern dauernd zum Betriebe des Unternehmens bestimmt sind, dürfen höchstens zu dem Anschaffungs- oder Herstellungspreise angesetzt werden; sie können ohne Rücksicht auf einen geringeren Wert zu diesem Preise angesetzt werden, sofern ein der Abnutzung gleichkommender Betrag in Abzug oder ein derselben entsprechender Erneuerungsfonds in Ansatz gebracht wird;[2]
2. die Kosten[3] der Organisation und Verwaltung dürfen nicht als Aktiva in die Bilanz eingesetzt werden;
3. das Recht der Gesellschaft zur Einziehung von Nachschüssen der Gesellschafter ist als Aktivum in die Bilanz nur insoweit einzustellen, als die Einziehung bereits beschlossen[4] ist und den Gesellschaftern ein Recht, durch Verweisung auf den Geschäftsanteil sich von der Zahlung der Nachschüsse zu befreien, nicht zusteht; den in die Aktiva der Bilanz aufgenommenen Nachschußansprüchen muß ein gleicher Kapitalbetrag in den Passiven gegenübergestellt werden;
4. der Betrag des im Gesellschaftsvertrage bestimmten Stammkapitals[5] ist unter die Passiva aufzunehmen. Das gleiche gilt von dem Betrage eines jeden Reserve- und Erneuerungsfonds, sowie von dem Gesamtbetrage der eingezahlten Nachschüsse, soweit nicht die Verwendung

eine Abschreibung[6] der betreffenden Passivposten begründet;

5. der aus der Vergleichung sämtlicher Aktiva und Passiva sich ergebende Gewinn oder Verlust muß am Schlusse der Bilanz besonders angegeben werden.[7])

Entw. I, II, Komm., Rtg. 43. Begr. I 91, II 71. HGB. 261. GG. 33.

1. Bilanz 41 Anm. 2. Unrichtige Bilanz 31, 32. RG. Strafsachen **13** 355. Aufstellung erfolgt durch die Geschäftsführer, Feststellung durch die Gesellschafter.

2. Auch HGB. 261 1 u. 2 müßte nach allgemeinen Grundsätzen Anwendung finden. Das gilt z. B. für Wertpapiere. Für Forderungen ist die objektive Richtigkeit entscheidend. Über die Kontinuität der Bilanzen Parisius u. Crüger 218. Bedingte und befristete Forderungen sind nach dem zeitigen Wert einzusetzen (RG. **19** 118). Warenvorräte höchstens zum Anschaffungspreis. „Sacheinlagen" können zu keinem höheren Werte eingestellt werden, als zu welchem sie übernommen sind.

3. ROHG. **20** 216. Organisationskosten sind die Aufwendungen, die zur Errichtung der Gesellschaft verausgabt sind. Erscheinen nur, insoweit Werte geschaffen sind.

4. Die beschlossenen Nachschüsse sind „keine gewöhnlichen Ausstände der Gesellschaft, sondern bilden einen noch nicht eingezahlten Teil des Gesellschaftskapitals. Sie kommen deshalb nur den eigentlichen Gesellschaftsschulden gegenüber als reines Aktivum in Betracht und müssen in der Bilanz nicht bloß auf der Aktivseite, sondern als Kapitalkonto auch auf der Passivseite figurieren" (Begr. I 93). Über die Voraussetzungen für die Herstellung der Nachschüsse, Parisius u. Crüger 221; haben die Gesellschafter das Recht, sich durch Verweisung auf den Geschäftsanteil der Nachschußpflicht zu entziehen, so dürfen die Nachschüsse nicht

in die Bilanz aufgenommen werden, auch wenn ihre Einziehung beschlossen ist. Ist die Einziehung zur Deckung eines Verlustes beschlossen, so bildet dies Verlust-Konto den Gegenwert.

5. Für amortisierte Geschäftsanteile ist ein Amortisationsfonds zu bilden und das Stammkapital ist bilanzmäßig niedriger fortzuführen.

6. Die Verfügung über die eingezahlten Nachschüsse findet mittels Abschreibung statt und unterliegt der Beschlußnahme der Gesellschafter bei Feststellung der Bilanz (Begr. I 94).

7. In einem Posten.

§ 43. Die Geschäftsführer haben in den Angelegenheiten der Gesellschaft die Sorgfalt eines ordentlichen Geschäftsmannes anzuwenden.

Geschäftsführer, welche ihre Obliegenheiten verletzen, haften der Gesellschaft solidarisch für den entstandenen Schaden.[1]

Insbesondere sind sie zum Ersatze verpflichtet, wenn den Bestimmungen des § 30 zuwider Zahlungen aus dem zur Erhaltung des Stammkapitals erforderlichen Vermögen der Gesellschaft gemacht oder den Bestimmungen des § 33 zuwider eigene Geschäftsanteile der Gesellschaft erworben worden sind. Auf den Ersatzanspruch finden die Bestimmungen im § 9 Absatz 2 entsprechende Anwendung. Soweit der Ersatz zur Befriedigung der Gläubiger der Gesellschaft erforderlich ist, wird die Verpflichtung der Geschäftsführer dadurch nicht aufgehoben, daß dieselben in Befolgung eines Beschlusses der Gesellschafter gehandelt haben.[2]

Die Ansprüche auf Grund der vorstehenden Bestimmungen verjähren in fünf Jahren.[3]

Entw. I, II, Komm., Rtg. 44. Begr. I 94, II 73. HGB. 241. GG. 34.

1. Direkte Haftpflicht der Geschäftsführer gegenüber den Gesellschaftsgläubigern findet nicht statt. Die Gläubiger sind in der Lage, „die Ersatzansprüche der Gesellschaft nach Überweisung derselben im Wege der Zwangsvollstreckung geltend zu machen oder im Falle des Konkurses der Gesellschaft die Forderungen durch den Konkursverwalter verfolgen zu lassen" (Begr. I 95). Die Ersatzansprüche gehören zum Vermögen der Gesellschaft (RG. **39** 62); insoweit sie nicht bereits erledigt sind (RG. **28** 74; Parisius u. Crüger 225, 460). — Fall direkter Haftpflicht 81 Abs. 3 gegenüber den Gläubigern, — 31 Abs. 6 gegenüber den Gesellschaftern, vgl. ferner 37 Anm. 1. — Obliegenheiten sind alle Funktionen, die nach Gesetz, Gesellschaftsvertrag, Beschluß der Gesellschafter oder sonstiger Organe, deren Vorschriften bei der Geschäftsführung zu beachten, zu befolgen sind; Buchführung und Bilanz 41. — Über die Beweislast RG. **20** 269. — Haftung der Geschäftsführer der Gesellschaft für Rechtsgeschäfte, für die statutarische Genehmigung der Versammlung der Gesellschafter vorgeschrieben ist, wenn solche nicht eingeholt ist (RG. **35** 83; Parisius u. Crüger 199, 224). — Durch Dechargierung begibt sich die Gesellschaft nur so weit eines Schadenersatzanspruches, als die Gesellschafter aus den gemachten Vorlagen die Geschäftslage zu übersehen vermögen (RG. **18** 63). — Besondere Ersatzpflicht nach 30 und 31, BGB. 421, 426.

2. Parisius u. Crüger 460.

3. Dauer, Unterbrechung bestimmen sich nach BGB. (RG. **29** 27), BGB. 208 Unterbrechung. Die Verjährung beginnt mit der Entstehung des Schadens (BGB. 198; RG. **39** 48; Parisius u. Crüger 461), d. h. mit Eintritt des durch die Schadenshandlung verursachten Schadens.

Außer dem Vertragsanspruch besteht ein Deliktsanspruch nach BGB. 852.

§ 44. Die für die Geschäftsführer gegebenen Vorschriften gelten auch für Stellvertreter[1] von Geschäftsführern.

Entw. I, II, Komm., Rtg. 45. Begr. I 95, II 74. HGB. 242. GG. 35.

1. Dritten gegenüber hat eine Beschränkung der Befugnis der Geschäftsführer keine rechtliche Bedeutung, dies gilt auch für den Fall, daß die Vertretung „nur unter gewissen Umständen" stattfinden soll (37 Abs. 2). Dritten gegenüber ist daher die Vertretungsbefugnis nicht davon abhängig, daß der Fall der Stellvertretung wirklich vorhanden ist (RG. **24** 83). Die Stellvertreter haben die gleiche Verantwortung für die Obliegenheiten aus 41 (RG. Strafsachen **13** 249 ff.). — Die Ordnungsstrafen treffen die Stellvertreter gleichmäßig mit den Geschäftsführern, anders liegt es bei den Delikten aus 239, 240 RKO. — In das Handelsregister können Geschäftsführer „als Stellvertreter" eingetragen werden (Johow **24** 194).

§ 45. Die Rechte, welche den Gesellschaftern in den Angelegenheiten der Gesellschaft, insbesondere in Bezug auf die Führung der Geschäfte zustehen, sowie die Ausübung derselben bestimmen sich, soweit nicht gesetzliche Vorschriften entgegenstehen, nach dem Gesellschaftsvertrage.[1]

In Ermangelung besonderer Bestimmungen des Gesellschaftsvertrages finden die Vorschriften der §§ 46 bis 51 Anwendung.[2]

Entw. I, II, Komm., Rtg. 46. Begr. I 45, 96, II 36, 74. HGB. 250. GG. 43 Abs. 1.

1. Der Gesellschaftsvertrag kann die Rechte der einzelnen Gesellschafter „in der Richtung erweitern, daß das Prinzip der Mehrheitsbeschlüsse beseitigt und entweder die Einwilligung sämtlicher Gesellschafter für die zu beschließenden Maßnahmen gefordert oder an Stelle gemeinsamer Entschließungen in den geeigneten Fällen ein Individualrecht der einzelnen Gesellschafter anerkannt wird". Über die Rechte der Gesellschafter RG. v. 27. X. 97 in JW. 98, 15: „an sich hat das einzelne Mitglied der Gesellschaft sich mit dem zu begnügen, was das Gesetz und der Gesellschaftsvertrag ihm einräumen." Im Gesetz selbst sind Individual- oder Minderheitsrechte in 50, 61 und 66 Abs. 2 „über das Recht zur Einberufung von Versammlungen der Gesellschafter, zur Erhebung der Klage auf Auflösung der Gesellschaft und zum Antrag auf gerichtliche Bestellung oder Abberufung von Liquidatoren" (Begr. II 74). Das Recht des Gesellschafters, Beschlüsse der Versammlung durch Klage anzufechten, ergibt sich aus allgemeinen Rechsgrundsätzen (Parisius u. Crüger 229; RG. **49** 149). Andererseits auch Feststellungsklage auf Gültigkeit des Beschlusses (CPO. 256) zulässig. — Sonderrechte vgl. Parisius u. Crüger 64 (53 Abs. 3, 15 Abs. 1 u. 3, 17, 27, 30 [31 Abs. 2], 32, 34, 26, 72, 47, 74).

2. Beschlußfassung 47, 48 auch nur in Gegenwart eines Gesellschafters, Berufung 49—51.

§ 46.[1] Der Bestimmung der Gesellschafter unterliegen:

1. die Feststellung der Jahresbilanz[2] und die Verteilung des aus derselben sich ergebenden Reingewinns;[3]
2. die Einforderung von Einzahlungen auf die Stammeinlagen;[4]
3. die Rückzahlung von Nachschüssen;[5]

4. die Teilung sowie die Einziehung von Geschäftsanteilen;[6]
5. die Bestellung und die Abberufung von Geschäftsführern sowie die Entlastung derselben;[7]
6. die Maßregeln zur Prüfung und Überwachung der Geschäftsführung;[8]
7. die Bestellung von Prokuristen und von Handlungsbevollmächtigten zum gesamten Geschäftsbetriebe;[9]
8. die Geltendmachung von Ersatzansprüchen, welche der Gesellschaft aus der Gründung oder Geschäftsführung gegen Geschäftsführer oder Gesellschafter zustehen,[10] sowie die Vertretung der Gesellschaft in Prozessen, welche sie gegen die Geschäftsführer zu führen hat.

Entw. I, II, Komm., Rtg. 47. Begr. I 96, II 75.

1. „Die Bestimmungen über die Angelegenheiten, für welche es im Zweifel eines Beschlusses der Gesellschafter bedarf, finden ihre Ergänzung in anderen Vorschriften, ... meistens nicht dispositiver, sondern zwingender Natur; so über die Einforderung von Nachschüssen 26, über Änderung des Gesellschaftsvertrages, einschließlich Erhöhung oder Herabsetzung des Stammkapitals 53ff., über Auflösung der Gesellschaft 60 Pos. 2" (Begr. I 96). — 45 Abs. 2.

2. Zu Nr. 1. Bei Feststellung der Bilanz (Aufstellung 41) kann Beschluß durch Unterzeichnung der Bilanz durch sämtliche Gesellschafter ersetzt werden (48 Abs. 2). Auch andere Art des Verfahrens kann im Gesellschaftsvertrage vorgesehen werden, z. B. daß die mitgeteilte Bilanz „als genehmigt gilt, wenn nicht binnen bestimmter Frist ein Widerspruch erhoben wird". Im Gesellschaftsvertrage kann das Prinzip der Mehrheitsbeschlüsse überhaupt oder für die Bilanz-

aufstellung ausgeschlossen sein; dann wird „die Bilanz“ für den einzelnen Gesellschafter nur dadurch bindend, daß sie von ihm selbst ausdrücklich oder stillschweigend anerkannt wird (Begr. I 90, II 70). Die Geschäftsführer können nicht auf Feststellung einer bestimmten Bilanz klagen, die ein bestimmtes Verhältnis von Schulden und Vermögen darstellen soll; auch der einzelne Gesellschafter hat kein Klagerecht (41 Anm. 2 Parisius u. Crüger 231). Nur durch Beschlußfassung kann die Feststellung erfolgen (RG. **49** 142). Die Entlastung liegt nicht ohne weiteres in der Genehmigung der Bilanz (RG. **49** 146) und kann auf einzelne Geschäftsführer beschränkt werden (a. A. RG. **55** 75 für den Aufsichtsrat einer AktG., vgl. die Kritik bei Parisius u. Crüger GG. 340).

3. „Der Beschluß über die Verteilung des Reingewinns hat regelmäßig nur die Bedeutung eines Anerkenntnisses des mit der Bilanz von Rechts wegen begründeten Gewinnanspruchs der Gesellschafter“ 29, es sei denn, „daß im Gesellschaftsvertrage die Verwendung des Gewinns ganz oder teilweise der freien Entschließung der Gesellschafter überlassen ist“ (Begr. I 97).

4. Zu Nr. 2. Durch die Kommission beigefügt.

5. Zu Nr. 3. Verfügung über die eingezahlten Nachschüsse zur Deckung von Ausgaben oder Verlust vollzieht sich als Bilanzoperation; Rückzahlung von Nachschüssen ist auch im Laufe des Geschäftsjahres möglich, erfordert aber stets Gesellschaftsbeschluß (30).

6. Zu Nr. 4. Dritten gegenüber genügt Genehmigung der Geschäftsführer zur Gültigkeit des Veräußerungsgeschäfts 36, 37. Teilung 17, Einziehung 34.

7. Zu Nr. 5. Bestellung der Geschäftsführer 6, Abberufung 38. Beschränkungen 38 Abs. 2. Betr. Entlastung Anm. 2.

8. Zu Nr. 6. Gesellschaftsvertrag kann die Kontrollbefugnis zu einem Individualrecht der Gesellschafter machen

(HGB. 118); im Zweifel soll die Gesamtheit der Gesellschafter über die Ausübung der Aufsicht befinden.

9. Zu Nr. 7. Vgl. HGB. 238. GG. 42. Die Anstellung des Prokuristen ist Sache der Geschäftsführer. Das Gericht hat nicht zu prüfen, ob die Bestellung dem Statut entsprechend geschehen ist. Beschränkungen der Prokuristen sind Dritten gegenüber unzulässig (Johow **12**. 30).

10. Zu Nr. 8. 9 Abs. 3, 43 Abs. 3, 64, 74, 76. Die Worte „oder Gesellschafter" hätten gestrichen werden müssen, nachdem die Bestimmungen über die Anmeldung der Gesellschaft geändert waren (Parisius u. Crüger 234). Der eine Kollektivliquidator kann nicht gegen den andern eine Gesellschaftsschuld einklagen (KG. 8. V. 03, ZfAG. 03, 15).

§ 47. Die von den Gesellschaftern in den Angelegenheiten der Gesellschaft zu treffenden Bestimmungen erfolgen durch Beschlußfassung nach der Mehrheit der abgegebenen Stimmen.[1]

Jede hundert Mark eines Geschäftsanteils gewähren eine Stimme.[2]

Vollmachten bedürfen zu ihrer Gültigkeit der schriftlichen Form.[3]

Ein Gesellschafter, welcher durch die Beschlußfassung entlastet oder von einer Verbindlichkeit befreit werden soll, hat hierbei kein Stimmrecht und darf ein solches auch nicht für andere ausüben. Dasselbe gilt von einer Beschlußfassung, welche die Vornahme eines Rechtsgeschäfts oder die Einleitung oder Erledigung eines Rechtsstreites gegenüber einem Gesellschafter betrifft.[4]

Entw. I, II, Komm., Rtg. 48. Begr. I 99, II 76. KommBer. 9. HGB. 252. GG. 43 Abs. 2, 3, 4.

1. Mehrere Mitberechtigte am Geschäftsanteil 18. Als „abgegeben" gelten nur die gültigen Stimmen. Die Zahl der Stimmen kann z. B. durch Amortisation der Geschäftsanteile auf eine gesunken sein. Beschränkungen im Stimmrecht durch den Gesellschaftsvertrag zulässig (Parisius u. Crüger 236). Auf Ausübung des Stimmrechts klagbares Recht, RG. **20** 142 ff. Der einzelne Gesellschafter hat nur die Rechte, die sich aus Gesetz und Gesellschaftsvertrag ergeben, also z. B. nicht das Recht der Büchereinsicht (vgl. RG. **49** 142); der letzte Absatz ist besonders wichtig für die Geschäftsführer; zulässig die Bestimmung, daß ein Dritter bei Stimmengleichheit Stichentscheid hat (RG. **49** 147); Löschung nichtiger Beschlüsse FGG. 144.

2. Der Entwurf hatte das Stimmrecht ebenfalls nach dem Verhältnis der Kapitalbeteiligung bemessen, aber angeordnet, daß der mit der niedrigsten Stammeinlage beteiligte Gesellschafter eine Stimme und jeder andere so viel Stimmen haben solle, als seine Stammeinlage ein Mehrfaches der niedrigsten Stammeinlage darstellt. Die Kommission hat dies geändert, um Schwierigkeiten der Berechnung, Ungleichheit und Zweifel zu beseitigen. Stimmrecht ist ein Sonderrecht. Für jede Abänderung gilt die Regel, daß sie nur dann von einer Mehrheit mit bindender Kraft beschlossen werden kann, wenn sie sämtliche Gesellschafter in gleicher Weise trifft.

3. Ein Bevollmächtigter kann mehrere Gesellschafter vertreten. Auch ein Nicht-Gesellschafter kann bevollmächtigt sein. Grundsätzlich zulässig, daß der Gesellschaftsvertrag die Vertretung von Gesellschaftern nur durch andere Gesellschafter zuläßt (RG. **41** 99; Johow **25** 258).

4. Johow **25** 253: ein Mitglied ist von der Mitwirkung bei der Beschlußfassung ausgeschlossen, wenn es sich um seine Bestellung zum Geschäftsführer handelt (vgl. 38 Anm. 1); dagegen hat das RG. am 22. II. 05, DJZ. 05, 493) entschieden (für AktG.), daß „der Aktionär in Betätigung des ihm nach der Satzung zustehenden Rechts zur Mit-

verwaltung der Gesellschaft durch Ausübung des Stimmrechts in der Generalversammlung bei einem Beschluß mitwirkt, der sich auf seine eigene Wahl zum Mitgliede des Aufsichtsrats bezieht; hierbei handelt es sich nicht um ein Rechtsgeschäft mit einem Dritten im gewöhnlichen Sinne, sondern um ein Geschäft, wodurch ein Organ der Gesellschaft gebildet, oder in seiner Zusammensetzung ergänzt werden soll." RG. **49** 146 trägt kein Bedenken, daß die Gesellschafter als Geschäftsführer über die Feststellung der von ihnen aufgestellten Bilanz mitstimmen, da die Feststellung der Bilanz sie nicht entlastet und auch nicht von einer Verbindlichkeit befreit. — Stimmenkauf ist nicht unter Strafe gestellt, aber unwirksam nach BGB. 138 (Rechtspr. **6** 503).

§ 48. Die Beschlüsse der Gesellschafter werden in Versammlungen[1] gefaßt.

Der Abhaltung einer Versammlung bedarf es nicht, wenn sämtliche Gesellschafter schriftlich mit der zu treffenden Bestimmung oder mit der schriftlichen Abgabe[2] der Stimmen sich einverstanden erklären.[3]

Entw. I, II, Komm., Rtg. 49. Begr. I 99, II 77. HGB. 250. GG. 43.

1. Versammlung 51. In den Fällen von 53 ff., 60 Pos. 2, 66 kann die Entscheidung der Versammlung der Gesellschafter nicht entzogen werden. — Ort mangels besonderer Bestimmung der Sitz der Gesellschaft (RG. **44** 8). — Die Versammlung der Gesellschafter ist ein Organ der Gesellschaft. — Berufung 51 — Beschlußfähigkeit 47 — Vertagung bedeutet Einberufung einer neuen Versammlung — über die Beurkundung und Geschäftsordnung Parisius u. Crüger 240. — Über Beschränkung der Sprechzeit RG. **36** 24, es darf durch Beschluß nicht die Möglichkeit einer sachgemäßen Erledigung der Tagesordnung genommen werden.

2. Bei schriftlicher Abgabe der Stimmen erfolgt Beschlußfassung nach Maßgabe 47.

3. Der Gesellschaftsvertrag kann noch weitere Vereinfachung der Form der Stimmabgabe einführen (vgl. 45 Abs. 2).

§ 49. Die Versammlung der Gesellschafter wird durch die Geschäftsführer berufen.

Sie ist außer den ausdrücklich bestimmten Fällen zu berufen, wenn es im Interesse der Gesellschaft erforderlich erscheint.[1]

Insbesondere muß die Versammlung unverzüglich berufen werden, wenn aus der Jahresbilanz oder aus einer im Laufe des Geschäftsjahres aufgestellten Bilanz sich ergibt, daß die Hälfte des Stammkapitals verloren ist.

Entw. I, II, Komm., Rtg. 51. Begr. I 100, II 78. HGB. 253. GG. 44.

1. Den Geschäftsführern kann nach der Stellung, die sie bei der Gesellschaft einnehmen, das Recht der Berufung nicht entzogen werden. Berufung durch die Gesellschafter 50 Abs. 3, durch den Aufsichtsrat 52 (HGB. 246 Abs. 2) — 45 Abs. 2. — Ungenaue Bezeichnung der Gesellschaft in der Bekanntmachung unerheblich, wenn über Identität kein Zweifel obwaltet (RG. **34** 113).

§ 50.[1] Gesellschafter, deren Geschäftsanteile zusammen mindestens dem zehnten Teile des Stammkapitals entsprechen, sind berechtigt, unter Angabe des Zwecks und der Gründe die Berufung der Versammlung zu verlangen.

In gleicher Weise haben die Gesellschafter das Recht zu verlangen, daß Gegenstände zur Beschlußfassung der Versammlung angekündigt werden.

Wird dem Verlangen[2] nicht entsprochen oder sind Personen, an welche dasselbe zu richten wäre, nicht vorhanden, so können die im Absatz 1 bezeichneten Gesellschafter unter Mitteilung des Sachverhältnisses[3] die Berufung oder Ankündigung selbst bewirken. Die Versammlung beschließt, ob die entstandenen Kosten von der Gesellschaft zu tragen sind.

Entw. I, II, Komm., Rtg. 51. Begr. I 100, II 78. HGB. 254. GG. 45.

1. 45 Abs. 2, 51.
2. Von den Geschäftsführern 49.
3. Sachverhältnis: „Die Höhe ihrer Beteiligung und andererseits das fruchtlos gestellte Verlangen oder die Unmöglichkeit einer Geltendmachung desselben" (Begr. I 100). Die Geschäftsanteile können im Besitze eines Gesellschafters sein.

§ 51. Die Berufung der Versammlung erfolgt durch Einladung der Gesellschafter mittels eingeschriebener Briefe. Sie ist mit einer Frist von mindestens einer Woche zu bewirken.[1]

Der Zweck der Versammlung soll[2] jederzeit bei der Berufung angekündigt werden.

Ist die Versammlung nicht ordnungsmäßig berufen, so können Beschlüsse nur gefaßt werden, wenn sämtliche Gesellschafter anwesend sind.[3]

Das gleiche gilt in bezug auf Beschlüsse über Gegenstände, welche nicht wenigstens drei Tage vor der Versammlung in der für die Berufung vorgeschriebenen Weise angekündigt worden sind.[4]

Entw. I, II, Komm., Rtg. 52. Begr. I 101, II 78. HGB. 251. GG. 46.

1. Der Gesellschaftsvertrag kann auch andere Bestimmungen über Form und Frist treffen, 45 Abs. 2. Eine „Woche", d. h. volle sieben Tage müssen zwischen der Berufung und der Versammlung liegen (BGB. 188, 187; RG. **60** 144). Die Frist beginnt mit der Absendung des Briefes. Ist im Statut mehrmalige öffentliche Bekanntmachung vorgeschrieben, so beginnt die Frist mit der letzten Bekanntmachung.

2. Der Zweck der Versammlung, die Tagesordnung „soll" nicht „muß" gleichzeitig mit der Berufung bekannt gemacht werden; es können auch noch später Gegenstände auf die Tagesordnung gesetzt werden (Frist im Abs. 4). Über Art der Ankündigung des Gegenstandes vgl. RG. **17** 172; HGB. 274; es muß zu ersehen sein, um was es sich handelt.

3. Es ist erforderlich, genügt aber auch, daß die Gesellschafter anwesend sind bei der Beschlußfassung, es ist unerheblich, ob sie sich an der Beschlußfassung tatsächlich beteiligen.

4. Daß Beschlüsse über die Leitung der Versammlung, sowie über Anträge auf Berufung einer neuen Versammlung (GG. 46) nicht unter die beschränkende Bestimmung des Abs. 4 fallen, ist selbstverständlich (Begr. I 101).

§ 52. Ist nach dem Gesellschaftsvertrage ein Aufsichtsrat zu bestellen, so finden auf denselben, soweit nicht im Gesellschaftsvertrage ein anderes bestimmt ist, die für den Aufsichtsrat einer Aktiengesellschaft nach § 243 Absatz 1, 2, 4, §§ 244 bis 248 und § 249 Absatz 1, 2 des Handelsgesetzbuchs geltenden Vorschriften[1] entsprechende Anwendung.

Schadensersatzansprüche gegen die Mitglieder des Aufsichtsrats wegen Verletzung ihrer Obliegenheiten verjähren in fünf Jahren.

Entw. I, II, Komm., Rtg. 53. EHGB. Art. 11 XII. Begr. I 104, II 78. KommBer. 10, GG. 9, 36, 41.

1. Die Bestimmungen des Handelsgesetzbuchs haben in der neuen Fassung dieses Gesetzes verschiedene Änderungen erfahren, sie lauten:

§ 243. Der Aufsichtsrat besteht, sofern nicht der Gesellschaftsvertrag eine höhere Zahl festsetzt, aus drei von der Generalversammlung zu wählenden Mitgliedern.

Die Wahl des ersten Aufsichtsrats gilt für die Zeit bis zur Beendigung der ersten Generalversammlung, welche nach dem Ablauf eines Jahres seit der Eintragung der Gesellschaft in das Handelsregister zur Beschlußfassung über die Jahresbilanz abgehalten wird.

. . . .

(Abs. 4). Die Bestellung zum Mitgliede des Aufsichtsrats kann auch vor dem Ablaufe des Zeitraums, für den das Mitglied gewählt ist, durch die Generalversammlung widerrufen werden. Sofern nicht der Gesellschaftsvertrag ein anderes bestimmt, bedarf der Beschluß einer Mehrheit, die mindestens drei Vierteile des bei der Beschlußfassung vertretenen Grundkapitals umfaßt.

§ 244. Jede Änderung in den Personen der Mitglieder des Aufsichtsrats ist von dem Vorstand unverzüglich in den Gesellschaftsblättern bekannt zu machen. Der Vorstand hat die Bekanntmachung zum Handelsregister einzureichen.

§ 245. Erhalten die Mitglieder des Aufsichtsrats für ihre Tätigkeit eine Vergütung, die in einem Anteil am Jahresgewinne besteht, so ist der Anteil von dem Reingewinne zu berechnen, welcher nach Vornahme sämtlicher Abschreibungen und Rücklagen sowie nach Abzug eines für die Aktionäre bestimmten Betrags von mindestens vier vom Hundert des eingezahlten Grundkapitals verbleibt.

Ist die den Mitgliedern des Aufsichtsrats zukommende Vergütung im Gesellschaftsvertrage festgesetzt, so kann eine Abänderung des Gesellschaftsvertrags, durch welche die Vergütung herabgesetzt wird, von der Generalversammlung mit einfacher Stimmenmehrheit beschlossen werden.

Den Mitgliedern des ersten Aufsichtsrats kann eine Vergütung für ihre Tätigkeit nur durch einen Beschluß der Generalversammlung bewilligt werden. Der Beschluß kann nicht früher als in derjenigen Generalversammlung gefaßt werden, mit deren Beendigung die Zeit, für welche der erste Aufsichtsrat gewählt ist, abläuft.

§ 246. Der Aufsichtsrat hat die Geschäftsführung der Gesellschaft in allen Zweigen der Verwaltung zu überwachen und sich zu dem Zwecke von dem Gange der Angelegenheiten der Gesellschaft zu unterrichten. Er kann jederzeit über diese Angelegenheiten Berichterstattung von dem Vorstande verlangen und selbst oder durch einzelne von ihm zu bestimmende Mitglieder die Bücher und Schriften der Gesellschaft einsehen sowie den Bestand der Gesellschaftskasse und die Bestände an Wertpapieren und Waren untersuchen. Er hat die Jahresrechnungen, die Bilanzen und die Vorschläge zur Gewinnverteilung zu prüfen und darüber der Generalversammlung Bericht zu erstatten.

Er hat eine Generalversammlung zu berufen, wenn dies im Interesse der Gesellschaft erforderlich ist.

Weitere Obliegenheiten des Aufsichtsrats werden durch den Gesellschaftsvertrag bestimmt.

Die Mitglieder des Aufsichtsrats können die Ausübung ihrer Obliegenheiten nicht anderen übertragen.

§ 247. Der Aufsichtsrat ist befugt, die Gesellschaft bei der Vornahme von Rechtsgeschäften mit den Vorstandsmitgliedern zu vertreten und gegen die letzteren die von der Generalversammlung beschlossenen Rechtsstreitigkeiten zu führen.

Handelt es sich um die Verantwortlichkeit der Mitglieder des Aufsichtsrats, so kann dieser ohne und selbst gegen den Beschluß der Generalversammlung gegen die Mitglieder des Vorstandes klagen.

§ 248. Die Mitglieder des Aufsichtsrats können nicht zugleich Mitglieder des Vorstandes oder dauernd Stellvertreter von Vorstandsmitgliedern sein, auch nicht als Beamte die Geschäfte der Gesellschaft führen.

Nur für einen im voraus begrenzten Zeitraum kann der Aufsichtsrat einzelne seiner Mitglieder zu Stellvertretern von behinderten Mitgliedern des Vorstandes bestellen; während dieses Zeitraums und bis zur Entlastung des Vertreters darf der letztere eine Tätigkeit als Mitglied des Aufsichtsrats nicht ausüben. Auf die in solcher Weise bestellten Vertreter finden die Vorschriften des § 236 keine Anwendung.

Scheiden aus dem Vorstande Mitglieder aus, so können sie nicht vor der Entlastung in den Aufsichtsrat gewählt werden.

§ 249. Die Mitglieder des Aufsichtsrats haben bei der Erfüllung ihrer Obliegenheiten die Sorgfalt eines ordentlichen Geschäftsmanns anzuwenden.

Mitglieder, die ihre Obliegenheiten verletzen, haften der Gesellschaft mit den Vorstandsmitgliedern als Gesamtschuldner für den daraus entstehenden Schaden. — —

Dem Gesellschaftsvertrag sind Abweichungen vorbehalten, doch müssen sie mit der Stellung des Aufsichtsrats als Kontrollorgan vereinbar sein (JW. 04 266). Zulässig ist, daß Mitglieder des Aufsichtsrats zu dauernden Vertretern der Geschäftsführer durch den Gesellschaftsvertrag bestellt werden (Johow **20** 49). Beschränkungen der Geschäftsführer binden diese nur der Gesellschaft gegenüber (37). Auftrag bzw. Dienstvertrag (Johow **29** 98). HGB. 244 verlangt Veröffentlichung der Namen der Aufsichtsratsmitglieder, der Gesellschaftsvertrag kann andere Bestimmung treffen. Über Vertretung des Aufsichtsrats bei Handlungen des Organs Johow **31** 197; Parisius u. Crüger 462. Über die Verjährung 43 Anm. 3.

Strafbestimmung für die Mitglieder des Aufsichtsrats ist nur in 82 Pos. 3 enthalten.

Vierter Abschnitt.
Abänderungen des Gesellschaftsvertrages.

§ 53. Eine Abänderung des Gesellschaftsvertrages kann nur durch Beschluß der Gesellschafter[1] erfolgen.

Der Beschluß muß gerichtlich oder notariell beurkundet werden[2], derselbe bedarf einer Mehrheit von drei Vierteilen der abgegebenen Stimmen.[3] Der Gesellschaftsvertrag kann noch andere Erfordernisse[4] aufstellen.

Eine Vermehrung der den Gesellschaftern nach dem Gesellschaftsvertrage obliegenden Leistungen[5] kann nur mit Zustimmung sämtlicher beteiligter Gesellschafter beschlossen werden.

Entw. I, II, Komm., Rtg. 54. Begr. I 102, II 79. HGB. 274 Abs. 1, 275. GG. 16.

1. Nur die Gesellschafter können den Gesellschaftsvertrag abändern, das Recht kann nicht einem Organ der Gesellschaft übertragen werden (vgl. dagegen HGB. 274). Unter Abänderung des Gesellschaftsvertrages ist jede Abänderung einer Bestimmung zu verstehen, auch wenn sie nur redaktioneller Natur ist (Johow **4** 32). Fortsetzung einer auf Zeit beschränkten Gesellschaft ist Abänderung des Gesellschaftsvertrages, wenn die Fortsetzung vor Ablauf der Zeit beschlossen wird. Die Minderheit muß sich der Mehrheit fügen, falls nicht der Gesellschaftsvertrag Einstimmigkeit fordert oder der Fall des Abs. 3 gegeben ist, oder es sich um Sonderrechte handelt; die Minderheit könnte nur von 61 Gebrauch machen, wenn dessen Voraussetzungen gegeben sind. Auch ein Gesellschafter kann den „Beschluß" fassen, wenn er über die erforderliche Anzahl Stimmen verfügt.

2. „Gerichtliche oder notarielle Beurkundung" ist Änderung der Kommission. Es genügt, daß das Protokoll von dem Notar unterschrieben wird (Parisius u. Crüger 254). Eintragung heilt etwaige Mängel der Form (Johow **23** 104, dagegen RG. **54** 418).

3. Nur die gültig abgegebenen Stimmen werden gezählt.

4. „noch andere Erfordernisse" sind andere Erschwernisse, nicht Erleichterungen.

5. z. B. Nachschüsse (vgl. HGB. 275 ff.). Beschluß, daß Zinsen usw. der Anleihen seitens der Gesellschafter übernommen werden, ist eine solche Last (RG. **47** 180 ff.); ist durch den Gesellschaftsvertrag für die Lieferung von Kartoffeln eine Höchstgrenze gezogen und es wird nun auch eine Mindestgrenze eingeführt, so liegt hierin gleichfalls eine solche Last (RG. **47** 180); daselbst ist die Frage offen gelassen, ob auch die Einführung von Konventionalstrafen dahin gehört. Verlängerung des Gesellschaftsvertrages ist hierher gerechnet, weil sie eine Vermehrung der den Gesellschaftern nach dem Vertrage obliegenden Verpflichtungen zur Folge hatte (Rechtspr. **8** 260). Für die Anwendung des Abs. 3 macht es keinen Unterschied, ob den Gesellschaftern eine Geldzubuße auferlegt wird oder solche ihnen durch Entziehung eines Anspruchs zugemutet wird (Johow **27** 228). Die den Gesellschaftern nach dem Vertrage für Leistungen zustehenden Vergütungen können nur mit Zustimmung aller Gesellschafter abgeändert werden.

Eine Bestimmung betr. Ausübung des Stimmrechts kann dann nicht von der Mehrheit gültig beschlossen werden, wenn nach den Umständen des Falles hierdurch ein Teil der Gesellschafter gegenüber dem anderen besonders benachteiligt wird (Johow **25** 258).

§ 54. Die Abänderung des Gesellschaftsvertrages ist zur Eintragung in das Handelsregister anzumelden.[1]

Bei der Eintragung genügt, sofern nicht die Abänderung die im § 10 Absatz 1 und 2 bezeichneten Angaben betrifft, die Bezugnahme auf die bei dem Gerichte eingereichten Urkunden über die Abänderung. Die öffentliche Bekanntmachung findet in betreff aller Bestimmungen statt, auf welche sich die im § 10 Absatz 3 und im § 12 vorgeschriebenen Veröffentlichungen beziehen.

Die Abänderung hat keine rechtliche Wirkung, bevor sie in das Handelsregister des Sitzes der Gesellschaft eingetragen ist.[2]

Entw. I, II, Komm., Rtg. 55. EHGB. Art. 11 XIII. Begr. I 103, II 80. HGB. 277. GG. 16 Abs. 3 u. 4.

1. Die Änderungen des Gesetzes durch EHGB. sind eine Folge der veränderten Fassung von 10. Anmeldung 78, bei dem Gericht der Zweigniederlassung 79, HGB. 13. — Der Beschluß ist im Original oder in beglaubigter Form einzureichen (Parisius u. Crüger 257).

2. Die Eintragung verleiht rechtliche Wirksamkeit (RG. **14** 58; **54** 392), jedoch nur dann, wenn die Änderung nach dem Gesetz bestehen kann, eine gesetzwidrige Bestimmung erlangt durch die Eintragung nicht Rechtswirksamkeit. RG. **54** 392 heißt es: „Daß auch dann, wenn man die Unrichtigkeit der abgegebenen Versicherung unterstellt, die daraufhin erfolgte Eintragung des Erhöhungsbeschlusses in das Handelsregister zu Recht besteht, so daß der Wirksamkeit dieses Beschlusses die Bestimmung des § 54 Abs. 3 nicht mehr entgegengehalten werden kann", ein sachlicher Mangel (Unrichtigkeit der abgegebenen Versicherung) kann die Wirksamkeit der erfolgten Eintragung nicht aufheben. Der Richter hat die Eintragung abzulehnen, wenn der Beschluß gegen das Gesetz verstößt. Unzweckmäßige oder schlechte Fassung berechtigt nicht zur Ablehnung, auch nicht Verstöße

gegen den Gesellschaftsvertrag. Nicht zu prüfen ist, ob der Beschluß ordnungsmäßig zustande gekommen ist; für den Umfang der Prüfung ist entscheidend das dem Richter vorgelegte Material, es sind grundsätzlich die Geschäftsführer und die Gesellschafter, welche über Innehaltung von Gesetz und Gesellschaftsvertrag zu wachen haben (Parisius u. Crüger 259; Johow **12** 37). Über das Recht des Gerichts, nichtige Eintragungen zu löschen, FGG. 144. Über das Verhältnis von Prozeß- und Registergericht FGG. 127, das letztere ist an die Entscheidung des ersteren gebunden, wenn seine Verfügung von der Beurteilung streitiger Rechtsverhältnisse abhängig ist. Vgl. 10 Anm. 1.

§ 55. Wird eine Erhöhung des Stammkapitals[1] beschlossen, so bedarf es zur Übernahme jeder auf das erhöhte Kapital zu leistenden Stammeinlage einer gerichtlich oder notariell aufgenommenen oder beglaubigten Erklärung des Übernehmers.[2]

Zur Übernahme einer Stammeinlage können von der Gesellschaft die bisherigen Gesellschafter oder andere Personen, welche durch die Übernahme ihren Beitritt zu der Gesellschaft erklären, zugelassen werden. Im letzteren Falle sind außer dem Betrage der Stammeinlage auch sonstige Leistungen,[3] zu welchen der Beitretende nach dem Gesellschaftsvertrage verpflichtet sein soll, in der im Absatz 1 bezeichneten Urkunde ersichtlich zu machen.

Wird von einem der Gesellschaft bereits angehörenden Gesellschafter eine Stammeinlage auf das erhöhte Kapital übernommen, so erwirbt derselbe einen weiteren Geschäftsanteil.[4]

Die Bestimmungen im § 5 Absatz 1 und 3 über den Betrag der Stammeinlagen sowie die Bestimmung im § 5 Absatz 2 über die Unzulässigkeit der Übernahme mehrerer Stammeinlagen finden auch hinsichtlich der auf das erhöhte Kapital zu leistenden Stammeinlagen Anwendung.[5]

Entw. I, II, Komm., Rtg. 56. Begr. I 103, II 80, KommBer. 10. HGB. 277 ff. GG. 16 Abs. 2.

1. Für die Abänderung des Gesellschaftsvertrages durch Erhöhung des Stammkapitals sind auch 53 und 54 maßgebend. Die Erhöhung setzt nicht voraus, daß das frühere Kapital der Gesellschaft vollständig eingezahlt ist (anders f. AG. 278), sie kann nur durch Schaffung neuer Stammeinlagen erfolgen (vgl. RG. 50 47). Erst wenn zu dem Beschluß die Übernahme der Stammeinlagen hinzukommt, kann die Anmeldung erfolgen. Über Anmeldung 57, erst mit der Eintragung erlangt die Erhöhung Rechtswirksamkeit. Einräumung von Vorzugsrecht auf Erwerb neuer Geschäftsanteile im Gesellschaftsvertrag erscheint zulässig (Parisius u. Crüger 261). Eine in dem Beschluß angegebene Grenze kann als Höchstgrenze der Erhöhung gelten, es kann auch eine bestimmte Mindesterhöhung vorgesehen werden (Johow 29, 102).

Das OLG. Dresden (Monatsschrift 04, 58) hat entschieden: „es steht nichts im Wege, daß die Herabsetzung und die Erhöhung des Kapitals gleichzeitig beschlossen werden, und daß zunächst die Erhöhung zur Anmeldung gelangt und durch ihre Eintragung in Wirksamkeit gesetzt wird".

Über Einräumung von „Sondervorteilen" bei Kapitalerhöhung RG. v. 13. I. 04 JW. 04, 182.

2. Entw. verlangte nur schriftliche Erklärung, Komm. änderte es. Auch die Abrede, durch welche die Verbindlichkeit übernommen wird, in Zukunft eine Stammeinlage zu leisten, bedarf der hier vorgeschriebenen Form (Parisius u. Crüger 263 und die dort zitierten Entscheidungen). Ein

Ersatz für die Erklärung liegt nicht in der Einzahlung. Die Zulassung der Gesellschaft braucht in keiner besonderen Form erklärt zu werden, sie liegt in der Anmeldung.

3. Zu den „sonstigen Leistungen“, welche die Erklärung ersichtlich zu machen hat, gehört namentlich Umfang einer etwaigen Nachschußpflicht. „Erklärungen, welche diesem Erfordernisse nicht entsprechen, darf der Registerrichter nicht als Beleg für die Deckung der Kapitalserhöhung annehmen,“ Begr. II 80. Erfolgt trotz mangelhafter Erklärung die Eintragung, so bleibt der Eingetragene zu den Leistungen verpflichtet.

4. Der weitere Geschäftsanteil bestimmt sich nach dem Betrage der neu übernommenen Stammeinlage (vgl. 14, 15). Die Gesellschaftsanteile bewahren ihre Sonderexistenz.

5. Auch 7 Abs. 2 kommt zur Anwendung.

§ 56. Soll auf das erhöhte Stammkapital eine Einlage gemacht werden, welche nicht in Geld zu leisten ist, oder soll eine Vergütung für Vermögensgegenstände, welche die Gesellschaft übernimmt, auf eine Einlage angerechnet werden,[1] so muß die Person desjenigen, welcher die Einlage zu leisten oder die Vermögensgegenstände zu überlassen hat, sowie der Gegenstand der Einlage oder Überlassung und der Geldwert, für welchen die Einlage angenommen wird, oder die für den überlassenen Gegenstand zu gewährende Vergütung in dem Beschlusse auf Erhöhung des Stammkapitals festgesetzt und in der im § 55 Absatz 1 bezeichneten Erklärung angegeben werden.

Die Bestimmung im § 19 Absatz 3 findet entsprechende Anwendung.[2]

Entw. I, II, Komm., Rtg. 57. Begr. I 105, II 81. HGB. 207, 208.

1. Dieselben Kautelen wie bei Aufbringung des ursprünglichen Stammkapitals (5 Abs. 4, 19 Abs. 3, 7 Abs. 2). Veröffentlichung 54 Abs. 1, 10 Abs. 2.

2. Die Bestimmung 19 Abs. 3 über die Unwirksamkeit von Leistungen, die nicht in Geld bestehen, findet, wenn der Beschluß über die Übernahmeerklärung keine derartigen Festsetzungen enthält, auch hier Anwendung (Begr. I 105).

§ 57. Die beschlossene Erhöhung des Stammkapitals ist zur Eintragung in das Handelsregister anzumelden, nachdem das erhöhte Kapital durch Übernahme von Stammeinlagen gedeckt ist.[1]

Die Bestimmung im § 7 Absatz 2 über die vor der Anmeldung des Gesellschaftsvertrages zu leistende Einzahlung, sowie die Bestimmung im § 8 Absatz 2 über die in der Anmeldung abzugebende Versicherung finden entsprechende Anwendung.

Der Anmeldung sind beizufügen:

1. die im § 55 Absatz 1 bezeichneten Erklärungen oder eine beglaubigte Abschrift derselben;
2. eine von den Anmeldenden unterschriebene Liste der Personen, welche die neuen Stammeinlagen übernommen haben; aus der Liste muß der Betrag der von jedem übernommenen Einlage ersichtlich sein.

In bezug auf die Verantwortlichkeit der Anmeldenden für die Richtigkeit ihrer Angaben finden die Bestimmungen im § 9 entsprechende Anwendung.

Entw. I, II, Komm., Rtg. 58. Begr. I 106, II 81. HGB. 285.

1. Die Rechtswirksamkeit der Erhöhung ist von der Eintragung abhängig (54 Abs. 2). Die rechtsverbindliche Abgabe der Erklärungen wegen Übernahme der Stammeinlagen und die teilweise Einzahlung derselben müssen schon vor der Eintragung des Erhöhungsbeschlusses stattfinden, aber „die Mitgliedschaftsrechte kommen erst durch die Eintragung zur Entstehung“ (Begr. I 106). Anmeldung 78, HGB. 13. Ordnungsstrafe 79. Veröffentlichung 10 Abs. 2, 5 Abs. 4. HGB. 10.

§ 58. Eine Herabsetzung des Stammkapitals[1] kann nur unter Beobachtung der nachstehenden Bestimmungen erfolgen:

1. der Beschluß auf Herabsetzung des Stammkapitals muß von den Geschäftsführern zu drei verschiedenen Malen durch die im § 30 Absatz 2 bezeichneten Blätter bekannt gemacht werden; in diesen Bekanntmachungen sind zugleich die Gläubiger der Gesellschaft aufzufordern, sich bei derselben zu melden; die aus den Handelsbüchern der Gesellschaft ersichtlichen oder in anderer Weise bekannten Gläubiger sind durch besondere Mitteilung zur Anmeldung aufzufordern;
2. die Gläubiger, welche sich bei der Gesellschaft melden und der Herabsetzung nicht zustimmen, sind wegen der erhobenen Ansprüche zu befriedigen oder sicherzustellen;[2]
3. die Anmeldung des Herabsetzungsbeschlusses zur Eintragung in das Handelsregister erfolgt nicht vor Ablauf eines Jahres seit dem Tage, an welchem

die Aufforderung der Gläubiger in den öffentlichen Blättern zum dritten Male stattgefunden hat;

4. mit der Anmeldung sind die Bekanntmachungen des Beschlusses einzureichen; zugleich haben die Geschäftsführer die Versicherung[3] abzugeben, daß die Gläubiger, welche sich bei der Gesellschaft gemeldet und der Herabsetzung nicht zugestimmt haben, befriedigt oder sichergestellt sind.

Die Bestimmung im § 5 Absatz 1 über den Mindestbetrag des Stammkapitals bleibt unberührt. Erfolgt die Herabsetzung zum Zweck der Zurückzahlung von Stammeinlagen[4] oder zum Zweck des Erlasses der auf diese geschuldeten Einzahlungen, so darf der verbleibende Betrag der Stammeinlagen nicht unter den im § 5 Absatz 1 und 3 bezeichneten Betrag herabgehen.[5]

Entw. I, II 59, Komm., Rtg. 59. Begr. I 107, II 82. KommBer. 11. HGB. 288, 289, 277, GG. 22 Abs. 1, 133, 143.

1. Herabsetzung des Stammkapitals enthält Änderung des Gesellschaftsvertrages (53, 54); über die verschiedenen Möglichkeiten Parisius u. Crüger 268 ff. Über Veröffentlichung und Eintragung 54 Abs. 1. Anmeldung 78. Strafvorschriften 82 Pos. 2. Ordnungsstrafen nur für Anmeldung zum Gericht von Zweigniederlassungen HGB. 14 vgl. 79.

2. Betagte, streitige Forderungen, schwebende Verbindlichkeiten sind sicher zu stellen BGB. 232 ff.

3. Wissentlich unwahre Versicherung nach 82 Pos. 2 strafbar.

4. Zurückzahlung setzt Überschuß der Aktiva über die reduzierten Passiva voraus (30, 31).

5. Bei der Herabsetzung zum Zweck der Beseitigung einer vorhandenen Unterbilanz braucht die nach 5 Abs. 1 für die Stammeinlage gezogene Grenze nicht eingehalten

zu werden. „Denn die Herabsetzung des Stammkapitals als solche bedingt noch nicht eine Minderung der Geschäftsanteile, da diese nicht wie die Aktien, einen Nennwert haben, dessen Gesamtbetrag mit dem jeweiligen Betrage des Stammkapitals übereinstimmen müßte" (Begr. I 109), aus der Herabsetzung des Stammkapitals ergibt sich aber ohne weiteres die entsprechende Minderung des Geschäftsanteiles (Parisius u. Crüger 270). Der Betrag des im Gesellschaftsvertrage bestimmten Stammkapitals steht in der Bilanz unter den Passiven (42 Pos. 4).

§ 59. Auf die Anmeldungen zu dem Handelsregister eines Gerichts, in dessen Bezirke die Gesellschaft eine Zweigniederlassung besitzt, finden die Bestimmungen im § 57 Absatz 2, Absatz 3 Nr. 1 und im § 58 Absatz 1 Nr. 4 keine Anwendung.

EHGB. Art. 11 XIV, HGB. 13.

Fünfter Abschnitt.

Auflösung und Nichtigkeit der Gesellschaft.

§ 60. Die Gesellschaft mit beschränkter Haftung wird aufgelöst:[1]

1. durch Ablauf der im Gesellschaftsvertrage bestimmten Zeit;[2]
2. durch Beschluß[3] der Gesellschafter; derselbe bedarf, sofern im Gesellschaftsvertrage nicht ein anderes bestimmt ist,[4] einer Mehrheit von drei Vierteilen der abgegebenen Stimmen;
3. durch gerichtliches Urteil oder durch Entscheidung des Verwaltungsgerichts oder der Verwaltungsbehörde in den Fällen der §§ 61 und 62;

4. durch die Eröffnung des Konkursverfahrens;[5] wird das Verfahren nach Abschluß eines Zwangsvergleichs aufgehoben oder auf Antrag des Gemeinschuldners eingestellt, so können die Gesellschafter die Fortsetzung der Gesellschaft beschließen.

Im Gesellschaftsvertrage können weitere Auflösungsgründe festgesetzt werden.[6]

Entw. I, II, Komm., Rtg. 60. EHGB. Art. 11 XV. Begr. I 109, II 84. HGB. 292, 307 Abs. 2. GG. 78, 79, 80, 81.

1. Mit der Auflösung hört die Gesellschaft nicht auf zu existieren, sondern besteht fort zwecks Abwicklung ihrer Geschäfte und Aufteilung des Vermögens. Auf die Auflösung muß die Liquidation folgen (vgl. jedoch Pos. 4). Löschung der Firma ist erst nach durchgeführter Liquidation zulässig. Die Auflösung gibt den Gläubigern kein Recht, vorzeitig Befriedigung zu fordern (RG. **9** 14). Die Liquidationsfirma enthält keine Änderung der bisherigen Firma (RG. **15** 105).

2. Die Fortsetzung müßte vor Ablauf der Zeit beschlossen und eingetragen sein, da sie Änderung des Gesellschaftsvertrages ist (53), stillschweigende Fortsetzung gibt es nicht.

3. Der Beschluß einer Verlegung des Sitzes einer Gesellschaft in das Ausland hat dieselbe Wirkung wie eine Auflösung (RG. **7** 70).

4. Der Gesellschaftsvertrag kann die Beschlußfassung über die Auflösung erleichtern oder erschweren, auch beliebige andere Auflösungsgründe vorschreiben. Die Auflösung ist von der Eintragung nicht abhängig 65.

5. Konkurs 63 u. 64. Die Organe der Gesellschaft bleiben entsprechend in Funktion (RG. **14** 418). Daß die Gesellschaft in den bezeichneten Fällen die Fortsetzung beschließen kann, ist durch EHGB. eingeführt. Das gilt aber

nicht für den Fall, daß eine aufgelöste Gesellschaft in Konkurs gerät. Die Fortsetzung ist zur Eintragung anzumelden. Beendigung durch Zwangsvergleich RKO. 173ff. Nach Beendigung des Konkurses beginnt die Tätigkeit der Liquidatoren.

6. Z. B. Tod oder Konkurs einzelner Gesellschafter. Weitere gesetzliche Auflösungsgründe: Untergang der Gesellschaft, Fortfall der Konzession, Auflösung aus öffentlich-rechtlichen Gründen 62, Klage des Gesellschafters auf Auflösung 61. Vereinigung sämtlicher Geschäftsanteile in einer Hand führt nicht zur Auflösung, vgl. RG. **23** 203, Parisius u. Crüger 278.

§ 61.[1] Die Gesellschaft kann durch gerichtliches Urteil aufgelöst werden, wenn die Erreichung des Gesellschaftszweckes unmöglich wird, oder wenn andere, in den Verhältnissen der Gesellschaft[2] liegende, wichtige Gründe[3] für die Auflösung vorhanden sind.

Die Auflösungsklage ist gegen die Gesellschaft zu richten.[4] Sie kann nur von Gesellschaftern erhoben werden, deren Geschäftsanteile zusammen mindestens dem zehnten Teile des Stammkapitals entsprechen.

Für die Klage ist das Landgericht ausschließlich zuständig, in dessen Bezirk die Gesellschaft ihren Sitz hat.

Entw. II, Komm., Rtg. 61. Begr. II 84. HGB. 133. BGB. 723.

1. Dieser Paragraph fehlte im Entw. I. Anlehnung an die auf die offene Handelsgesellschaft bezügliche Bestimmung HGB. 125 (jetzt 133).

2. „In den Verhältnissen der Gesellschaft." — „Die individuelle Lage des einzelnen Gesellschafters, welche für diesen persönlich die Lösung des Gesellschaftsverhältnisses wünschenswert erscheinen lassen mag, kann zur Auflösung der Gesellschaft jedenfalls nicht ausreichen" (Begr. II 85).

Gesellschaftszweck ist der sich aus dem Gegenstand des Unternehmens ergebende Zweck. Mangelnde Rentabilität ist nicht ohne weiteres Auflösungsgrund, vgl. ROHG. **12** 102. Wichtige Gründe sind dann vorhanden, wenn dem klagenden Gesellschafter nicht zugemutet werden kann, das Gesellschaftsverhältnis fortzusetzen und ihm eine Veräußerung seines Geschäftsanteils nicht oder nur mit unverhältnismäßigen Opfern möglich ist; die Gründe müssen in den Verhältnissen der Gesellschaft liegen (RG. v. 22. IV. 03; ZfAG. 03 Nr. 3 S. 64).

3. Es entscheidet richterliches Ermessen (RG. **24** 137).

4. Bis zur Rechtskraft des Urteils kann die Auflösung noch durch das Verhalten der Gesellschaft abgewendet werden (Parisius u. Crüger 281). Nach rechtskräftigem Urteil ist die Auflösung zur Eintragung anzumelden (65), Erzwingung durch Ordnungsstrafen (79).

§ 62.[1] Wenn eine Gesellschaft das Gemeinwohl[2] dadurch gefährdet, daß die Gesellschafter gesetzwidrige Beschlüsse fassen oder gesetzwidrige Handlungen der Geschäftsführer wissentlich geschehen lassen, so kann[3] sie aufgelöst werden, ohne daß deshalb ein Anspruch auf Entschädigung stattfindet.

Das Verfahren und die Zuständigkeit der Behörden richtet sich nach den für streitige Verwaltungssachen landesgesetzlich geltenden Vorschriften. Wo ein Verwaltungsstreitverfahren nicht besteht, kann die Auflösung nur durch gerichtliches Erkenntnis auf Betreiben der höheren Verwaltungsbehörde erfolgen.[4] Ausschließlich zuständig ist in diesem Falle das Landgericht, in dessen Bezirk die Gesellschaft ihren Sitz hat.

Entw. II, Komm., Rtg. 62. Begr. II 85. Komm.-Ber. 11 u. 12. GG. 81.

1. Dieser Paragraph fehlte im Entw. I. In Entw. II ist er in Analogie von GG. 81 aufgenommen, weil das Gesetz „die Zwecke, zu welchen Gesellschaften mbH. errichtet werden dürfen, vollständig freigibt". Durch die aus den Kommissionsberatungen hervorgegangene Fassung ist zweifellos gestellt, daß die Auflösung auf das Verhalten der Gesellschafter — nicht bloß der Geschäftsführer — zurückgeführt werden muß; denn entweder muß ein gesetzwidriger Beschluß der Gesellschafter vorliegen, oder diese müssen gesetzwidrige Handlungen der Geschäftsführer wissentlich geschehen lassen, und in beiden Fällen muß das Gemeinwohl dadurch gefährdet sein. Vgl. BGB. 43, 44; Parisius u. Crüger 282 ff.

2. Über den dehnbaren und unbestimmten Begriff „Gemeinwohl" Parisius u. Crüger 281.

3. Das Vorhandensein der Voraussetzungen „soll nicht unter allen Umständen die Auflösung nach sich ziehen" — heißt es in der Begründung zu 81 GG., der als Vorbild gedient hat.

4. Nach langen Beratungen hat die Komm. den Entwurf, der in Übereinstimmung mit GG. 81 da, wo ein Verwaltungsstreitverfahren nicht besteht, §§ 20 u. 21 der Gewerbeordnung zur Anwendung bringen, also die Entscheidung der höheren Verwaltungsbehörde eintreten lassen wollte, dahin geändert, daß in diesem Falle gerichtliche Entscheidung stattfindet. Anmeldung der Auflösung 65, 79, HGB. 14.

§ 63. Über das Vermögen der Gesellschaft findet das Konkursverfahren außer dem Falle der Zahlungsunfähigkeit[1] auch in dem Falle der Überschuldung statt.[2]

Die auf das Konkursverfahren über das Vermögen einer Aktiengesellschaft bezüglichen Vorschriften im § 207 Absatz 2, § 208 der Konkursordnung finden auf die Gesellschaft mit beschränkter Haftung entsprechende Anwendung.[3]

Entw. I 61, II, Komm., Rtg. 63. Begr. I 110, II 85. HGB. 240 Abs. 2. GG. 98, 140.

1. Zahlungsunfähigkeit RKO. 102 (RG. Strafsachen **14** 222). Zahlungsstockung ist noch keine Zahlungsunfähigkeit. Zur Konkurseröffnung kann es auch während der Liquidation kommen. Antragsberechtigt: Geschäftsführer und Gläubiger. Die ausstehenden Einzahlungen auf die Stammeinlagen fallen in die Konkursmasse, desgleichen beschlossene Nachschüsse (wobei freilich Abandonrecht in Betracht kommt).

2. Überschuldung 64 Abs. 1, 71. Für die Feststellung gelten nicht ohne weiteres die für die Aufstellung der Bilanz maßgebenden Grundsätze, es sind die zeitigen Werte zugrunde zu legen. „Überschuldung" liegt vor, wenn „das Vermögen nicht mehr die Schulden deckt". Der Konkurs führt zur Auflösung der Gesellschaft.

3. Der Antrag auf Konkurseröffnung kann abgewiesen werden, wenn eine den Kosten des Verfahrens entsprechende Konkursmasse nicht vorhanden ist RKO. 107. Anders GG. 100 Abs. 3.

§ 64. Die Geschäftsführer haben die Eröffnung des Konkursverfahrens zu beantragen,[1] sobald die Zahlungsunfähigkeit der Gesellschaft eintritt oder aus der Jahresbilanz oder aus einer im Laufe des Geschäftsjahres aufgestellten Bilanz Überschuldung sich ergibt.

Die Geschäftsführer sind der Gesellschaft zum Ersatze aller nach diesem Zeitpunkt geleisteten Zahlungen[2] verpflichtet. Auf den Ersatzanspruch finden die Bestimmungen im § 43 Absatz 3 und 4 entsprechende Anwendung.[3, 4]

Entw. I 62, Komm., Rtg. 64. EHGB. Art. 11 XVII. Begr. I 110, II 86. KommBer. 12, HGB. 240 Abs. 2, 241 Abs. 3 Pos. 6. GG. 98 Abs. 2. 99 Abs. 1 u. 2, 102.

1. Antrag RKO. 208 Abs. 2. Eintragung in das Handelsregister nach RKO. 112. Der Geschäftsführer soll nicht berechtigt sein, den Antrag zu verzögern, weil er glaubt, durch außergerichtlichen Vergleich mit den Gläubigern oder auf anderem Wege den Konkurs abwenden zu können; das RG. gibt aber (Strafsachen **37** 324) dabei zu, daß ein Unterschied zwischen Zahlungseinstellung und Zahlungsstockung vorhanden ist. Nach dem Sinn des Gesetzes kann bei schuldhafter Pflichtverletzung Strafbarkeit eintreten.

2. Die Tatsache der Zahlung begründet den Ersatzanspruch, ein Schadensnachweis ist nicht zu führen.

3. Eine direkte Haftpflicht gegenüber den Gesellschaftsgläubigern ist hier ebensowenig wie 43 Abs. 3 vorgesehen. Der Ersatzanspruch fällt in die Konkursmasse. Strafrechtliche Verfolgung 84.

4. Das Gesetz von 1892 hatte einen dritten Absatz über die Eintragung der Eröffnung des Konkursverfahrens in das Handelsregister. Die Bestimmung ist durch HGB. 32 überflüssig geworden.

§ 65. Die Auflösung der Gesellschaft[1] ist außer dem Falle des Konkursverfahrens zur Eintragung in das Handelsregister anzumelden.[2] Das gleiche gilt von einer Fortsetzung der Gesellschaft in den im § 60 Absatz 1 Nr. 4 bezeichneten Fällen.

Die Auflösung ist von den Liquidatoren zu drei verschiedenen Malen durch die im § 30 Absatz 2 bezeichneten öffentlichen Blätter bekannt zu machen. Durch die Bekanntmachung sind zugleich die Gläubiger der Gesellschaft aufzufordern, sich bei derselben zu melden.[3]

Entw. I 63, II Komm. u. Rtg. 65. EHGB. Art. 11 XVIII. Begr. I 110, II 86. KommBer. 12. HGB. 293, 297. GG. 78 Abs. 2, 79 Abs. 2, 82 Abs. 2.

1. Die Änderung von 60 Abs. 1 Pos. 4 durch EHGB. machte eine Änderung von 65 Abs. 1 notwendig; der zweite Satz ist neu. Geändert ist in Abs. 2, daß die Liquidatoren die Auflösung bekannt machen, nach früherem Recht war es Aufgabe der Geschäftsführer. Anmeldung 78, es brauchen nicht alle Liquidatoren mitzuwirken, Ordnungsstrafe HGB. 14 (79). Anmeldung zum Gericht der Zweigniederlassung HGB. 13, 14.

2. Eintragung ist vom Gericht zu veröffentlichen HGB. 10.

3. In der Begründung zum Entw. war ausgeführt, daß besondere Erlasse an die bekannten Gläubiger entbehrlich seien, dies änderte die Kommission, nun ist die Bestimmung wieder beseitigt.

Vorbemerkung zu §§ 66 bis 73.

(Liquidation.)

„In den Fällen der Auflösung außer dem Konkurse muß die Liquidation der Gesellschaft eintreten. Für die Regelung derselben kommen im wesentlichen die gleichen Gesichtspunkte in Betracht, wie bei den Aktiengesellschaften und Genossenschaften. Die Vorschriften stimmen daher in der Hauptsache mit den bezüglichen Vorschriften für AG. und für GG überein. Die Fassung ist meistens aus dem letzteren Gesetz übernommen“ (Begr. I 111, II 86).

§ 66. In den Fällen der Auflösung außer dem Falle des Konkursverfahrens erfolgt die Liquidation[1] durch die Geschäftsführer, wenn nicht dieselbe durch den Gesellschaftsvertrag oder durch Beschluß der Gesellschafter anderen Personen übertragen wird.

Auf Antrag von Gesellschaftern, deren Geschäftsanteile zusammen mindestens dem zehnten Teile des Stammkapitals entsprechen, kann aus wichtigen Gründen die Bestellung von Liquidatoren durch das Gericht (§ 7 Absatz 1) erfolgen.[2]

Die Abberufung von Liquidatoren kann durch das Gericht[3] unter derselben Voraussetzung wie die Bestellung stattfinden. Liquidatoren, welche nicht vom Gericht ernannt sind, können auch durch Beschluß der Gesellschafter vor Ablauf des Zeitraums, für welchen sie bestellt sind, abberufen werden.

Entw. I 64, II, Komm., Rtg. 66. Begr. I 112, II 87. HGB. 295. GG. 83.

1. Liquidatoren 70. Bis Liquidatoren bestellt sind, bleiben die Geschäftsführer im Amt (Johow **14** 30). Das Rechtsverhältnis der Liquidatoren zur Gesellschaft ist das gleiche wie das der Geschäftsführer (RG. **24** 70; BGB. 611 ff.).

2. Ein Minderheitsrecht der Gesellschafter. Das Gericht entscheidet nach freiem Ermessen.

3. Gericht 7 Abs. 1. Die Abberufung der vom Gericht bestellten Liquidatoren kann nur durch dieses und zwar jederzeit erfolgen. Ein weiteres Eingreifen in die Liquidation ist dem Gericht nicht gegeben. Über das Verfahren FGG. 146, 148, 29. Ein Aufsichtsrat hat weder das Recht, die Einsetzung von Liquidatoren zu beantragen, noch dieselben zu suspendieren (vgl. GG. 83 Abs. 4).

§ 67. Die ersten Liquidatoren[1] sind durch die Geschäftsführer, jede Änderung in den Personen der Liquidatoren sowie eine Beendigung ihrer Vertretungsbefugnis[2] ist durch die Liquidatoren zur Eintragung in das Handelsregister anzumelden.[3]

Der Anmeldung ist eine Abschrift der Urkunden über die Bestellung der Liquidatoren oder über die Änderung in den Personen derselben beizufügen.[4] Diese Vorschrift findet auf die Anmeldung zum Handelsregister einer Zweigniederlassung keine Anwendung.

Die Eintragung der gerichtlichen Ernennung oder Abberufung von Liquidatoren geschieht von Amts wegen.[5]

Die Liquidatoren haben ihre Unterschrift zur Aufbewahrung bei dem Gerichte zu zeichnen.[6]

Entw. I 65, II, Komm., Rtg. 67. EHGB. Art. 11 XIX. Begr. I 112, II 87. HGB. 296 Abs. 1. GG. 84.

1. Erfolgt die Liquidation durch die Geschäftsführer, so haben diese sich als Liquidatoren anzumelden. Bedeutung und Eintragung der Veröffentlichung HGB. 15.

2. Beendigung der „Vollmacht“, so hieß es im Gesetz von 1892, dahin fällt Ernennung eines anderen oder Beendigung der Liquidation.

3. Anmeldung 78. Ordnungsstrafe 79; HGB. 14. Zweigniederlassung HGB. 13, 14.

4. Die Bestimmung über die Legitimation ist neu, vgl. Johow **14** 27.

5. Die Bestimmung ist neu.

6. Nur neubestellte Liquidatoren haben ihre Unterschrift zu zeichnen.

§ 68.*) Die Liquidatoren haben in der bei ihrer Bestellung bestimmten Form ihre Willenserklärungen kundzugeben und für die Gesellschaft zu zeichnen. Ist nichts darüber bestimmt, so muß die Erklärung und Zeichnung durch sämtliche Liquidatoren erfolgen.[1]

Die Bestimmung ist mit der Bestellung der Liquidatoren zur Eintragung in das Handelsregister anzumelden.[2]

Die Zeichnungen geschehen in der Weise, daß die Liquidatoren der bisherigen, nunmehr als Liquidationsfirma zu bezeichnenden Firma[3] ihre Namensunterschrift beifügen.

Entw. I, 66, II, Komm., Rtg. 68. Begr. I 112, II 87. HGB. 298. GG. 85.

1. Vertretungsbefugnis 70, 71. Die allgemeinen Bestimmungen (nicht 35 Abs. 2 Schlußsatz) gelten auch für die der Gesellschaft gegenüber abgegebenen Erklärungen.

2. Der einzige Fall, abgesehen von dem die Vertretung betreffenden Beschlusse, daß ein einfacher Beschluß der Gesellschafter einzutragen ist. Anmeldung: Form 78, HGB. 12. Zum Gericht der Zweigniederlassung HGB. 13. Ordnungsstrafen 79. HGB. 14.

3. Enthält keine Änderung der Firma (RG. **15** 105).

§ 69. Bis zur Beendigung der Liquidation kommen ungeachtet der Auflösung der Gesellschaft

---

*) Nach § 68 folgte als § 69:

Die Vorschriften des § 40 über das Verhältnis zu Dritten finden bezüglich der Liquidatoren Anwendung.

Fortgefallen nach EHGB. Art. 11 XX, vgl. oben Anm. zu 39.

in bezug auf die Rechtsverhältnisse derselben und der Gesellschafter die Vorschriften des zweiten und dritten Abschnitts zur Anwendung, soweit sich aus den Bestimmungen des gegenwärtigen Abschnitts und aus dem Wesen der Liquidation nicht ein anderes ergibt.[1]

Der Gerichtsstand, welchen die Gesellschaft zur Zeit ihrer Auflösung hatte, bleibt bis zur vollzogenen Verteilung des Vermögens bestehen.

Entw. I 68, II, Komm., Rtg. 70. **Begr.** I 112, II 87. HGB. 298. GG. 87.

1. Entsprechende Anwendung finden: 13—15, 26 Abs. 1 u. 2, 27, 28, 40, 42, 44—48, 50–52; ausdrücklich für anwendbar erklärt: 36, 37, 41 Abs. 1, 43 Abs. 1, 2 u. 4, 49 Abs. 1 u. 2 durch 71; bedeutungslos: 29, 33, 34, 49 Abs. 3; ersetzt: 30—32, 43 Abs. 3 durch 72, 73, 35 durch 66 u. 70, 38 durch 66, 39 durch 67, 41 Abs. 2—4 durch 71 Abs. 2.

§ 70. Die Liquidatoren haben die laufenden Geschäfte zu beendigen, die Verpflichtungen der aufgelösten Gesellschaft zu erfüllen, die Forderungen derselben einzuziehen und das Vermögen der Gesellschaft in Geld umzusetzen; sie haben die Gesellschaft gerichtlich und außergerichtlich zu vertreten.[1] Zur Beendigung schwebender Geschäfte[2] können die Liquidatoren auch neue Geschäfte eingehen.[3]

Entw. I 69, II, Komm., Rtg. 71. **Begr.** I 112, II 87. HGB. 298. GG. 88, 89 Abs. 2.

1. Eine weitere Beschränkung der Vertretungsbefugnisse der Liquidatoren Dritten gegenüber ist unwirksam (71, 37).

Auch eine Erweiterung ist nicht zulässig, da dieselbe nicht im Rahmen der Liquidation liegen würde. Die gesetzliche Vertretungsmacht der Liquidatoren mit Wirkung nach außen hat sich im Rahmen der gesetzlichen Vorschrift zu halten (RG. **44** 84); die Liquidatoren können alle Geschäfte machen, die auf eine angemessene Verwertung der Vermögensstücke abzielen. Bestellung von Prokuristen ist unvereinbar mit dem Zweck der Liquidation (ROHG. **13** 225).

2. RG. 4, 64; ROHG. 13, 226. Wegen schwebender Geschäfte Parisius u. Crüger 296.

3. Die im AG. und GG. enthaltene Beschränkung, daß unbewegliche Sachen im Zweifel nur durch öffentliche Versteigerung veräußert werden dürfen, ist nicht aufgenommen; die Gesellschafter sind in der Lage, „auch in dieser Beziehung den Liquidatoren, sofern es für angezeigt erachtet wird, einschränkende Anweisungen zu erteilen“ (Begr. I 112), die Beschränkung ist nun auch für AG. und GG. fallen gelassen.

§ 71. Die Liquidatoren haben die aus §§ 36, 37, § 41 Absatz 1, § 43 Absatz 1, 2 und 4, § 49 Absatz 1 und 2, § 64 sich ergebenden Rechte und Pflichten der Geschäftsführer.

Sie haben sofort bei Beginn der Liquidation und demnächst in jedem Jahre[1] eine Bilanz aufzustellen.[2]

Entw. I 70, Entw. II, Komm., Rtg. 72. Begr. I 112, II 88. HGB. 299. GG. 89.

1. Kalenderjahr (Johow **14** 238; RG. Strafsachen **35** 137). — Vorlage und Genehmigung nicht vorgeschrieben, auch nicht Veröffentlichung (vgl. Johow **14** 238).

2. Strafvorschrift 84.

§ 72. Das Vermögen der Gesellschaft wird unter die Gesellschafter nach Verhältnis ihrer Geschäftsanteile verteilt. Durch den Gesellschaftsvertrag kann ein anderes Verhältnis für die Verteilung bestimmt werden.[1]

Entw. I 71, II, Komm., Rtg. 73. Begr. I 112, II 88. HGB. 300. GG. 91.

1. 72 bestimmt das Verhältnis, 73 die Voraussetzungen für die Verteilung, Anspruch der Gesellschafter auf Liquidationsrate ist deren Sonderrecht. Nur den Gesellschaftern als Gesamtheit haben die Liquidatoren Rechnung zu legen. „Der Anspruch der Gesellschafter auf den Gewinn für das letzte Geschäftsjahr oder gegebenenfalls für den kürzeren Zeitabschnitt vom Schluß des letzten Geschäftsjahres bis zum Beginn der Liquidation wird durch die Vorschrift von 72 nicht berührt" (Begr. I 112). Es gilt 29.

§ 73. Die Verteilung[1] darf nicht vor Tilgung oder Sicherstellung der Schulden der Gesellschaft und nicht vor Ablauf eines Jahres seit dem Tage vorgenommen werden, an welchem die Aufforderung an die Gläubiger (§ 65 Absatz 2) in den öffentlichen Blättern zum dritten Male erfolgt ist.

Meldet sich ein bekannter Gläubiger nicht, so ist der geschuldete Betrag, wenn die Berechtigung zur Hinterlegung vorhanden ist, für den Gläubiger zu hinterlegen. Ist die Berichtigung einer Verbindlichkeit zur Zeit nicht ausführbar oder ist eine Verbindlichkeit streitig, so darf die Verteilung des Vermögens nur erfolgen, wenn dem Gläubiger Sicherheit geleistet ist.[2]

Liquidatoren, welche diesen Vorschriften zuwiderhandeln, sind zum Ersatze der verteilten Beträge solidarisch verpflichtet. Auf den Ersatzanspruch finden die Bestimmungen im § 43 Absatz 3 und 4 entsprechende Anwendung.

Entw. I 72, II. Komm., Rtg. 74, EHGB. Art. 11 XXI. Begr. I 113, II 88. HGB. 301. GG. 90.

1. Das gesamte Vermögen (Stammkapital, Überschüsse usw.) darf nicht vor Ablauf des Sperrjahres verteilt werden. Über den Fortbestand der Gesellschaft RG. **41** 93 solange noch unverteiltes Vermögen vorhanden ist.

2. Abs. 2 ist dem HGB. 301 angepaßt, der wieder mit BGB. 52 übereinstimmt. Über Sicherstellung vgl. BGB. 232ff.

3. Die Liquidatoren sind zwar zugunsten der Gläubiger, aber nur der Gesellschaft gegenüber verhaftet, die Beträge zu ersetzen, die vor Ablauf des Sperrjahres oder vor erfolgter Befriedigung oder Sicherstellung der Gläubiger verteilt sind. Die Gläubiger können den Anspruch nur im Wege der Zwangsvollstreckung verfolgen (Parisius u. Crüger 300). Klage der Gesellschaft 46 Pos. 8, 43 Abs. 2. Erstattungspflicht der Gesellschafter nach 30 Abs. 1, 31 Abs. 1—3. Die Rückerstattungspflicht erstreckt sich auch auf Dividenden, Gewinnüberschüsse usw.

§ 74. Nach Beendigung der Liquidation[1] sind die Bücher und Schriften der Gesellschaft für die Dauer von zehn Jahren einem der Gesellschafter oder einem Dritten in Verwahrung zu geben.[2] Der Gesellschafter oder der Dritte wird in Ermangelung einer Bestimmung des Gesellschaftsvertrages oder eines Beschlusses der Gesellschafter durch das Gericht (§ 7 Absatz 1) bestimmt.

Die Gesellschafter und deren Rechtsnachfolger sind zur Einsicht der Bücher und Schriften berechtigt.

Gläubiger der Gesellschaft können von dem Gericht (§ 7 Absatz 1) zur Einsicht ermächtigt werden.[3]

Entw. I 73, II, Komm., Rtg. 75. Begr. I 113, II 88. HGB. 302. GG. 93.

1. Die Liquidatoren haben Schlußrechnung zu legen (RG. v. 13. X. 93; ZfAG. 95, 12; RG. **34** 58, vgl. HGB. 302).

2. Aufbewahrung der Bücher auf Kosten der Gesellschaft.

3. Zu den „Gesellschaftern" gehören alle, die der Gesellschaft angehört haben. Bei Ablehnung des Antrages hat der Gläubiger das Rechtsmittel der sofortigen Beschwerde; FGG. 148, 29.

§ 75. Enthält der Gesellschaftsvertrag nicht die nach § 3 Absatz 1 wesentlichen Bestimmungen oder ist eine dieser Bestimmungen nichtig, so kann jeder Gesellschafter, jeder Geschäftsführer und, wenn ein Aufsichtsrat bestellt ist, jedes Mitglied des Aufsichtsrats im Wege der Klage beantragen, daß die Gesellschaft für nichtig erklärt werde.

Die Vorschriften der §§ 272, 273 des Handelsgesetzbuchs finden entsprechende Anwendung.

§ 76. Ein Mangel, der die Bestimmungen über die Firma oder den Sitz der Gesellschaft oder den Gegenstand des Unternehmens betrifft, kann durch einstimmigen Beschluß der Gesellschafter geheilt werden.

§ 77. Ist die Nichtigkeit einer Gesellschaft in das Handelsregister eingetragen, so finden zum Zwecke der Abwickelung ihrer Verhältnisse die für den Fall der Auflösung geltenden Vorschriften entsprechende Anwendung.

Die Wirksamkeit der im Namen der Gesellschaft mit Dritten vorgenommenen Rechtsgeschäfte wird durch die Nichtigkeit nicht berührt.

Die Gesellschafter haben die versprochenen Einzahlungen zu leisten, soweit es zur Erfüllung der eingegangenen Verbindlichkeiten erforderlich ist.

EHGB. Art. 11 **XXII**, HGB. 309—311.

75—77 regeln das Nichtigkeitsverfahren. Mängel des Gründungsverfahrens, namentlich solche aus dem Abschluß des Vertrages, haben die Nichtigkeit nicht zur Folge (Johow **23** 104, dagegen RG. **54** 418). Erhebt keine der in 75 bezeichneten Personen die Klage, so ist das Registergericht befugt, die Gesellschaft als nichtig zu erklären, FGG. 144. Von Amts wegen kann auch ein eingetragener Beschluß gelöscht werden (FGG. 142; RG. **36** 143).

Hat die Gesellschaft einen Aufsichtsrat, muß die Klage den Geschäftsführern wie dem Aufsichtsrat zugestellt werden (RG. **14** 142, Urteil v. 18. X. 96 JW. 96, 662); — Voraussetzung beschlußfähiger Aufsichtsrat, sonst Verfahren nach CPO. 57; RG. v. 4. XI. 90, JW. 91, 14.

„Das Urteil, durch welches die Gesellschaft für nichtig erklärt wird, hat nur deklaratorische Bedeutung" (Denkschrift HGB. 184).

So lange das Urteil nichts rechtskräftig geworden ist, können die Mängel beseitigt werden.

Die Gesellschaft behält die für die Liquidationszwecke nötige Rechtsfähigkeit, auch Konkurseröffnung ist nicht ausgeschlossen (Denkschrift 185, RG. v. 20. VI. 04 ZfAG. 04 Nr. 3 S. 64.) Parteifähigkeit RG. **59** 326. Die Nichtigkeit ergibt für die Rechtsgeschäfte: a) die Wirksamkeit der im Namen der Gesellschaft bis zur rechtskräftig erkannten Nichtigkeit derselben mit Dritten vorgenommenen Rechtsgeschäfte wird nicht berührt. b) Das gleiche gilt für die zwischen der rechtskräftigen Nichtigkeitserklärung und der Eintragung derselben vorgenommenen Rechtsgeschäfte, es sei denn, daß die Nichtigkeit dem Dritten bekannt war. c) Von Eintragung der Nichtigkeit ab gelten die Grundsätze der Liquidation.

Das rechtskräftige Urteil auf Erklärung der Nichtigkeit ist zur Eintragung anzumelden, HGB. 273, 14, 13. Ist das Gericht von Amts wegen eingeschritten, so ist nach FGG. 141 Abs. 3 (144, 142) zu verfahren.

Sechster Abschnitt.

Schlußbestimmungen.

§ 78. Die in diesem Gesetze vorgesehenen Anmeldungen[1] zum Handelsregister[2] sind durch die Geschäftsführer oder die Liquidatoren, die im § 7 Absatz 1, § 12 Absatz 1, § 57 Absatz 1, § 58 Absatz 1 Nr. 3, § 80 Absatz 5 vorgesehenen Anmeldungen sind durch sämtliche Geschäftsführer zu bewirken.[3]

Entw. I 74, II, Komm., Rtg. 76. EHGB. Art. 11 XXIII. Begr. I 114, II 88. KommBer. 13. GG. 157.

1. Das Gesetz von 1892 enthielt zwei Absätze, der erste enthielt Bestimmungen über die Form der Anmeldung, die durch HGB. 12 überflüssig geworden sind. Nur in den bezeichneten Fällen müssen alle Geschäftsführer mitwirken.

2. Fortgefallen sind auch die Bestimmungen über Anmeldungen und Einreichungen zu dem Gericht der Zweigniederlassung und deren Wirkung — HGB. 13.

3. Über die Form der Anmeldungen FGG. 128; HGB. 12 Abs. 2 — Anmeldung durch den Notar FGG. 129.

§ 79. In Ansehung der in §§ 7, 54, § 57 Absatz 1, § 58 Absatz 1 Nr. 3, § 80 Absatz 5 bezeichneten Anmeldungen zum Handelsregister findet, soweit es sich um die Anmeldung zum Handelsregister des Sitzes der Gesellschaft handelt, eine Verhängung von Ordnungsstrafen[1, 2] nach § 14 des Handelsgesetzbuchs nicht statt.

Entw. I 75, II, Komm., Rtg. 77. EHGB. Art. 21 XXIII, Begr. I 114, II 89. HGB. 319; GG. 160.

1. Die Änderung ist getroffen infolge der allgemeinen Regel von HGB. 14.

2. Voraussetzung der Androhung von Ordnungsstrafen ist, daß das Gericht von der Verletzung des Gesetzes in glaubhafter Weise Kenntnis erhalten hat, FGG. 132 ff. Die von einem Geschäftsführer eingelegte Beschwerde kommt allen zu statten; vgl. dagegen Oberstes Landesgericht für Bayern 7. XII. 00 ZfAG. 02 Nr. 4 S. 86.

§ 80.[1] Wird eine Aktiengesellschaft[2] zum Zweck der Umwandlung in eine Gesellschaft mit beschränkter Haftung aufgelöst, so kann die Liquidation derselben unterbleiben, wenn hinsichtlich der Errichtung der neuen Gesellschaft den nachstehenden Bestimmungen genügt wird.[3]

Das Stammkapital[4] der neuen Gesellschaft darf nicht geringer sein als das Grundkapital der aufgelösten Gesellschaft.

Den Aktionären ist durch öffentliche Bekanntmachung oder in sonst geeigneter Weise Gelegenheit zu geben, mit dem auf ihre Aktien entfallenden Anteil an dem Vermögen der aufgelösten Gesellschaft sich bei der neuen Gesellschaft zu beteiligen.[5] Die Aktien der sich beteiligenden Mitglieder müssen mindestens drei Vierteile des Grundkapitals der aufgelösten Gesellschaft darstellen.

Der auf jede Aktie entfallende Anteil an dem Vermögen der aufgelösten Gesellschaft wird auf Grund einer Bilanz[6] berechnet, welche der Generalversammlung der Aktionäre zur Genehmigung vorzulegen ist.[7] Der Beschluß, durch welchen die Genehmigung erfolgt, bedarf einer Mehrheit von drei Vierteilen des in der Generalversammlung vertretenen Grundkapitals.[8]

Die neue Gesellschaft muß spätestens binnen einem Monate nach Auflösung[9] der Aktiengesellschaft zur Eintragung in das Handelsregister angemeldet werden. Die Eintragung darf nur erfolgen, nachdem die Beobachtung der vorstehenden Bestimmungen nachgewiesen ist.[10]

Entw. I 76, II, Komm., Rtg. 78. Begr. I 115, II 89, KommBer. 13—16. HGB. 306—332. GG. 143—145.

1. Der § 80 des Entw. behandelte die Umwandlung von Aktiengesellschaften in GmbH. Die Komm. hat den § 80 vielfach geändert und in zwei Paragraphen geteilt.

2. Sowohl bereits bei Inkrafttreten des Gesetzes bestehende, wie später gegründete. Besondere Bestimmungen für die Umwandlung anderer Gesellschaften sind nicht getroffen. Bei der Umwandlung einer offenen Handelsgesellschaft oder einer Kommanditgesellschaft in eine GmbH. läßt sich die Übertragung des Gesellschaftsvermögens auf eine neue Gesellschaft ohne Schwierigkeit bewerkstelligen, vgl. Parisius u. Crüger 109, doch ist Auflösung der offenen Handelsgesellschaft notwendig, Johow **15** 39.

3. Umwandlung in der Art, daß Aktiengesellschaft aufgelöst und GmbH. begründet wird, vgl. die eingehende Darstellung bei Parisius u. Crüger 311 ff. Zweck der Umwandlung muß in dem Auflösungsbeschluß angegeben

sein, doch gilt dieser Zweck nur als Beweggrund und nicht als Bedingung mit Suspensiveffekt. Auflösung der alten und Errichtung der neuen Gesellschaft sind zwei Akte eines einheitlichen Rechtsgeschäfts. Auflösung ist anzumelden und zu veröffentlichen HGB. 293, 10, 14. Fortbestand, wenn nicht die neue Gesellschaft zur Eintragung gelangt, kann beschlossen werden (HGB. 307). Die Auflösung war einzutragen, Johow **19** 10. Bei Gründung der GmbH. sind die Bestimmungen des Gesetzes genau zu beachten, besonders die Vorschriften in § 5 Abs. 4 über die Sacheinlagen, als solche wird in der Regel die Aktienbeteiligung gelten. Die Folgen des Beschlusses, ob Liquidation nach Maßgabe von 294 HGB. oder Beschluß der Fortsetzung (307 HGB.) oder Umwandlung nach Maßgabe von 80 bleiben während eines Monats in der Schwebe.

4. Das Stammkapital darf nicht niedriger als 20000 Mk. sein — ferner nicht geringer als das Grundkapital der aufgelösten Gesellschaft — drittes Minimum: drei Vierteile des Reinvermögens der aufgelösten Gesellschaft, vgl. Parisius u. Crüger 312.

5. Durch Unterzeichnung des Gesellschaftsvertrages der neuen Gesellschaft. Ein Aktionär, der sich mit einem Teil seiner Aktien beteiligt, kann den Beschluß der Generalversammlung, durch welchen die Auflösung der Aktiengesellschaft zum Zwecke der Umwandlung beschlossen ist, nicht anfechten (RG. **33** 91). Vorbehalt bei dem Beitritt macht denselben ungültig (RG. a. a. O.). Die Aktionäre bringen den auf ihre Aktien entfallenden Anteil an dem Vermögen der Gesellschaft als Stammeinlage ein (Sacheinlage).

6. Liquidationsbilanz (74, HGB. 299). Der „Anteil" wird als Sacheinlage eingebracht.

7. Beispiele über Bildung des Stammkapitals und der Einlagen bei Parisius u. Crüger 316ff.

8. Vertreten ist das Grundkapital, das sich an der Abstimmung beteiligt (RG. **20** 146).

9. Die Frist beginnt mit dem Auflösungsbeschluß, für die Berechnung BGB. 186, 188, 193.

10. Nachholung der Erfordernisse in 80 ist nicht zulässig. Die Bilanzansätze sind von dem Gericht nicht zu prüfen. Anmeldung 78, HGB. 13. Bei Nichtbeobachtung der gesetzlichen Vorschriften hat der Aktionär nur die Anfechtungsklage aus HGB. 271ff. gegen den Beschluß auf Auflösung, wenn die Voraussetzungen der Anfechtung gegeben sind und die Klage auf Auflösung der GmbH., wenn er Gesellschafter ist und der Tatbestand von 61 gegeben ist (vgl. jedoch RG. **33** 91).

§ 81. In dem Falle des § 80 geht das Vermögen der aufgelösten Gesellschaft einschließlich ihrer Schulden mit der Eintragung der neuen Gesellschaft in das Handelsregister auf diese von Rechts wegen über.[1]

Jeder Aktionär, welcher bei der neuen Gesellschaft sich nicht beteiligt hat, kann von dieser die Auszahlung eines seinem Anteil[2] an dem Vermögen der aufgelösten Gesellschaft entsprechenden Betrages verlangen.

Unverzüglich nach der Eintragung der neuen Gesellschaft in das Handelsregister sind die Gläubiger der aufgelösten Gesellschaft nach Maßgabe der Bestimmungen des § 297 des Handelsgesetzbuchs durch die Geschäftsführer der neuen Gesellschaft aufzufordern, sich bei dieser zu melden. Die Gläubiger, welche sich melden und der Umwandlung nicht zustimmen, sind zu befriedigen oder sicherzustellen.[3] Die Geschäftsführer sind den Gläubigern der aufgelösten Gesellschaft persönlich und solidarisch für die Beobachtung dieser Vorschriften verantwortlich.

Entw. I 76, II 78, Komm. 78a, Rtg. 79. Begr. I 115, II 89. KommBer., 13--16. HGB. 306. GG. 143–145.

1. Vgl. Anm. 1 zu 80. Die Komm. hatte in erster Lesung die Bestimmung angenommen, daß innerhalb dreier Jahre die zum Zweck der Umwandlung aufgenommenen Urkunden stempelfrei sein sollten, indem die nach Landesgesetzen entstehende Stempelgebühr für die bei der Umwandlung nötige Übertragung von Immobilien eine beträchtliche Erschwerung der Umwandlung sein würde. Diesem Antrage wurde regierungsseitig widersprochen und der zur Annahme gelangte Vorschlag befürwortet, daß man unter den Voraussetzungen von 80 den Übergang des Vermögens von Rechts wegen eintreten lasse, wobei stempel- und abgabenpflichtige Rechtsgeschäfte hinsichtlich des Überganges des Vermögens überhaupt nicht vorkommen. Immerhin aber unterliegt der Gesellschaftsvertrag für die neue Gesellschaft dem landesgesetzlichen Stempel. Das Vermögen der aufgelösten Aktiengesellschaft geht auf die neue Gesellschaft im Wege der Universalsukzession über.

2. 80 Abs. 4. Das Sperrjahr des HGB. 301 ist nicht einzuhalten. In der Aufforderung kann eine angemessene Meldefrist gesetzt werden.

3. BGB. 232ff.

Vorbemerkung zu §§ 82 bis 84.

(Strafvorschriften.)

In strafrechtlicher Beziehung wird davon ausgegangen, daß bei einer GmbH. Pflichtwidrigkeiten der Beteiligten, die nicht den Tatbestand einer nach gemeinem Recht strafbaren Handlung enthalten, „das öffentliche Interesse nur insoweit berühren, als dadurch die Sicherheit des im Geschäfts- und Kreditverkehr mit den Gesellschaften stehenden Publikums in gemeingefährlicher Weise verletzt wird“ ... „Dagegen ist für die Gesellschafter selbst ein besonderer

Schutz auf strafrechtlichem Gebiete nicht angezeigt" (vgl. Begr. I 118—120, II 92, 93). Für AG. hat das RG. v. 5. I. 03 (RG. Strafsachen **36** 69) erkannt: ein Vorstandsmitglied begeht dadurch Untreue, daß er einer von ihm durch Vertrag der Gesellschaft gegenüber übernommenen Verpflichtung entgegenhandelt, insbesondere sein bei der Gründung eingebrachtes aber an die Gesellschaft noch nicht aufgelassenes Grundstück zugunsten persönlicher Gläubiger mit Hypotheken belastet.

§ 82. Mit Gefängnis bis zu einem Jahre und zugleich mit Geldstrafe bis zu fünftausend Mark werden bestraft:

1. Geschäftsführer und Mitglieder einer Gesellschaft[1] mit beschränkter Haftung, welche behufs Eintragung der Gesellschaft in das Handelsregister, sowie Geschäftsführer, welche behufs Eintragung einer Erhöhung des Stammkapitals in das Handelsregister dem Gericht (§ 7 Absatz 1) hinsichtlich der Einzahlungen auf die Stammeinlagen[3] wissentlich falsche Angaben machen;
2. Geschäftsführer einer Gesellschaft mit beschränkter Haftung, welche, um die Eintragung einer Herabsetzung des Stammkapitals in das Handelsregister zu erwirken, dem Gericht (§ 7 Absatz 1) hinsichtlich der Befriedigung oder Sicherstellung der Gläubiger wissentlich eine unwahre Versicherung abgeben;[3]
3. Geschäftsführer, Liquidatoren, sowie Mitglieder eines Aufsichtsrats oder ähnlichen Organs einer Gesellschaft mit beschränkter Haftung, welche in einer öffentlichen Mitteilung die Vermögenslage

der Gesellschaft wissentlich unwahr darstellen oder verschleiern.[4]

Zugleich kann auf Verlust der bürgerlichen Ehrenrechte erkannt werden.

Sind mildernde Umstände vorhanden, so tritt ausschließlich die Geldstrafe ein.

Entw. I 77, II. Komm. 79, Rtg. 80. EHGB. Art. 11 XXIV. Begr. I 118, II 92. KommBer. 16. HGB. 312ff. GG. 147—149.

1. Die Worte „und Mitglieder" sind zu streichen; die Anmeldung erfolgt nach 7 nur durch die Geschäftsführer. Im Gesetz von 1892 heißt es in Pos. 1 „des Gesellschaftsvertrags"; die Änderung entspricht der zu 7.

2. Wird sinngemäß auf die nach 8 Abs. 2, 57 Abs. 2 abzugebende Versicherung zu beziehen sein. (RG. Strafsachen **38** 128.) Betreffend die Versicherung, daß die bewirkten Leistungen sich in der freien Verfügung befinden RG. **24** 291; **30** 319. Falsche Angaben der Geschäftsführer in betreff der Einzahlung auf das erhöhte Stammkapital sind nicht als Urkundenfälschung, sondern nach 82 zu bestrafen, RG. v. 11. II. 04 ZfAG. 04 Nr. 1 S. 13.

3. 58 Pos. 4.

4. Auch Verschweigung von Tatsachen kann dahin gehören (RG. Strafsachen **36** 69).

§ 83. Die Strafvorschriften der §§ 239 bis 241 der Konkursordnung finden gegen die Geschäftsführer einer Gesellschaft mit beschränkter Haftung, welche ihre Zahlungen eingestellt hat oder über deren Vermögen das Konkursverfahren eröffnet worden ist, Anwendung, wenn sie in dieser Eigenschaft die mit Strafe bedrohten Handlungen begangen haben.[1]

Entw. I 78, II, Komm. 80, Rtg. 81. Begr. I 120, II 93.

1. Ergänzung zu RKO. 244. Aufstellung der Eröffnungsbilanz 41, ein Bestandteil der Buchführung. Über unordentliche Buchführung RG. Strafsachen **29** 223.

§ 84.[1] Die Geschäftsführer oder Liquidatoren einer Gesellschaft mit beschränkter Haftung werden mit Gefängnis bis zu drei Monaten und zugleich mit Geldstrafe bis zu eintausend Mark bestraft, wenn entgegen den Vorschriften im § 64, § 71 Absatz 1 der Antrag auf Eröffnung des Konkursverfahrens unterlassen ist.

Sind mildernde Umstände vorhanden, so tritt ausschließlich die Geldstrafe ein.

Straflos bleibt derjenige, bezüglich dessen festgestellt wird, daß der Antrag auf Eröffnung des Konkursverfahrens ohne sein Verschulden unterblieben ist.

Entw. I 79, Entw. II, Komm. 81, Rtg. 82. Begr. I 120, II 93. HGB. 315 Pos. 2, GG. 148 Pos. 2.

1. RG. Strafsachen **14** 222, **37** 224. Ferner Gesetz betr. die Pflichten der Kaufleute bei Aufbewahrung von Wertpapieren § 12.

Urkundlich[1] unter Unserer Höchsteigenhändigen Unterschrift und beigedrucktem Kaiserlichen Insiegel.

Gegeben im Schloß zu Berlin,

den 20. April 1892.

(L. S.) **Wilhelm.**

Graf von Caprivi.

1. Der Schluß fehlt in der Bekanntmachung des Gesetzes, doch ist dies unerheblich, da die Bekanntmachung nur redaktionelle Bedeutung hat.

Sachregister.

(Die großen Ziffern bedeuten die Paragraphen des Gesetzes, die kleinen Ziffern die Anmerkungen).

Herrosé & Ziemsen, G. m. b. H., Wittenberg.

Verzeichnis

der

Guttentag'schen Sammlung Deutscher Reichs- und Preussischer Gesetze

Text-Ausgaben

mit Anmerkungen u. Sachregister

Guttentag'sche Sammlung

Deutscher Reichsgesetze.

Text-Ausgaben mit Anmerkungen. Taschenformat.

---

1. **Verfassung** des Deutschen Reichs. Gegeben Berlin, den 16. April 1871. Von Dr. **L. von Rönne.** Neunte Auflage von Landrat **Paul von Rönne.** 1904. 2 M. 40 Pf.

2. **Strafgesetzbuch** für das Deutsche Reich. Nebst den gebräuchlichsten Reichs-Strafgesetzen: Presse, Entziehung elektrischer Arbeit, Kranken-, Unfall-, Invalidenversicherung, Gewerbeordnung, unlauterer Wettbewerb, Depot- und Börsengesetz, gewerbliche Kinderarbeit u. s. w. Von Dr. **H. Rüdorff.** Einundzwanzigste Auflage von Dr. **H. Appelius,** Kammergerichtsrat. 1903. 1 M. 20 Pf.

3. **Militärstrafgerichtsordnung** nebst Einführungsgesetz und Gesetz, betreffend die Dienstvergehen der richterlichen Militärjustizbeamten und die unfreiwillige Versetzung derselben in eine andere Stelle oder in den Ruhestand. Bearbeitet von Dr. **Paul Herz,** Senatspräsident am Reichsmilitärgericht. Dritte Aufl. 1902. 4 M. Militär-**Strafgesetzbuch** s. RG. Nr. 67.

4. **Handelsgesetzbuch vom 10. Mai 1897** unter Ausschluß des Seerechts. Mit den ergänzenden Vorschriften des Bürgerlichen Gesetzbuchs und Erläuterungen herausgegeben von **F. Litthauer,** Justizrat. Dreizehnte Aufl. herausgeg. von Geh. Justizrat Prof. Dr. **A. Mosse,** Oberlandesgerichtsrat. 1905. 3 M.

5. Allgemeine Deutsche **Wechselordnung.** Neunte Auflage von Justizrat Dr. **J. Stranz** und Rechtsanwalt Dr. **M. Stranz,** und das Reichsgesetz über die **Wechselstempelsteuer.** Von Regierungsrat **P. Loeck.** Achte Auflage 1906. 3 M.

6. **Gewerbeordnung** für das Deutsche Reich nebst allen Ausführungsbestimmungen. Ursprünglich herausgegeben von **T. Ph. Berger** und Dr. **L. Wilhelmi.** Sechszehnte Auflage bearbeitet von Oberverwaltungsgerichtsrat **H. Spangenberg.** 1902. 3 M.

7. Die deutsche **Post- und Telegraphen-Gesetzgebung.** Nebst dem Weltpostvertrag und dem internationalen Telegraphenvertrag. Von Wirkl. Geh. Rat Dr. **Fischer.** Fünfte Auflage bearbeitet von Geh. Postrat Dr. **M. König.** 1902. 3 M.

8. Die Reichsgesetze über den **Unterstützungswohnsitz** in der Fassung der Novelle vom 12. März 1894, **die Freizügigkeit, den Erwerb und Verlust der Bundes- und Staatsangehörigkeit,** nebst allen landesgesetzlichen Bestimmungen. Von Geheimrath Dr. **J. Krech,** Mitglied des Bundesamtes für das Heimatwesen. Fünfte Auflage. 1901. 2 M. 70 Pf.

9a. Sammlung **kleinerer privatrechtlicher Reichsgesetze.** Von **F. Vierhaus.** Zweite Auflage in Vorbereitung.

9. Sammlung **kleinerer strafrechtlicher Reichsgesetze** Mit den Entscheidungen des Reichsgerichts bearbeitet von **M. Werner,** Geh. Ober-Regierungsrat. Zweite Auflage. 1903. 3 M.

Inhalt: Inhaberpapiere — Presse — Personenstand — Urheberrechtsgesetzgebung — Rinderpest — Nahrungs- und Genußmittel — Sprengstoff — Feingehalt von Gold- und Silberwaren — Patentgesetz — Handfeuerwaffen — Gebrauchsmusterschutz — Militärische Geheimnisse — Waarenbezeichnung — unlauterer Wettbewerb — Auswanderung — Margarine — Wein — Sklavenraub — Fleischbeschau — Reichsseuchengesetz — Süßstoff — Reichskassenscheine.

10. Das **Reichsbeamtengesetz** vom 31. März 1873 und seine Ergänzungen. Erläutert von **J. Pieper,** Geh. Ober-Reg.-Rat. Zweite Auflage. 1901. 4 M. 50 Pf.

11. **Zivilprozeßordnung mit Gerichtsverfassungsgesetz** in den neuesten Fassungen. Unter besonderer Berücksichtigung der Entscheidungen des Reichsgerichts herausgegeben mit Anmerkungen zunächst von **R. Sydow,** Unterstaatssekretär, weiter bearbeitet von **L. Busch,** Kammergerichtsrat. Zehnte Auflage. 8°. 1905. 6 M.

Dieser Band ist in größerem Format erschienen!

12. **Strafprozeßordnung und Gerichtsverfassungsgesetz** nebst dem Gesetz, betreffend die Entschädigung der im Wiederaufnahmeverfahren freigesprochenen Personen. Von Dr. **A. Hellweg,** Reichsgerichtsrat. Vierzehnte Auflage. 1907. 2 M

13. **Konkursordnung und Anfechtungsgesetz.** Unter besonderer Berücksichtigung der Entscheidungen des

Reichsgerichts herausgeg. mit Anm. von **R. Sydow** u. **L. Busch.** Zehnte Auflage. 1906. 2 M. 25 Pf.

14. **Gerichtsverfassungsgesetz** mit Einführungsgesetz. Herausgegeben von **R. Sydow** und **L. Busch.** Neunte Auflage. 1905. 1 M. 50 Pf.

15. Das **Deutsche Gerichtskostengesetz** nebst den Gebührenordnungen für Gerichtsvollzieher, Zeugen und Sachverständige. Herausgegeben mit Anmerkungen und Kostentabellen von **R. Sydow** u. **L. Busch.** Siebente Auflage. 1904. 1 M. 80 Pf.

16. **Rechtsanwaltsordnung.** Von **R. Sydow.** Fünfte Auflage von Dr. **E. Mosler.** 1907. ca. 1 M. 20 Pf.

17. Die **Deutsche Gebührenordnung für Rechtsanwälte und das Preußische Gebührengesetz** vom 27. September/6. Oktober 1899. Von **R. Sydow** und **L. Busch.** Siebente Auflage. 1903. 1 M. 60 Pf.

18. **Reichsstempelgesetz (Börsensteuer, Frachturkunde, Kraftfahrzeuge, Personenfahrkarte, Tantieme für Aufsichtsratsmitglieder).** In der Fassung des Gesetzes vom 3. Juni 1906. Nebst Ausführungsbestimmungen, den Entscheidungen der höchsten Verwaltungsbehörden und des Reichsgerichts. Neunte Auflage von **P. Loeck,** Regierungsrat. 1906. 4 M. 50 Pf.

Dieser Band ist in größerem Format erschienen!

19. Die **Seegesetzgebung.** Von Dr. **W. E. Knitschky.** Dritte Auflage bearbeitet von Oberlandesgerichtsrat **Otto Rudorff** in Hamburg. 1902. 4 M. 50 Pf.

20. **Krankenversicherungsgesetz.** Von weil. Dr. **E. von Woedtke,** Direktor im Reichsamte des Innern. Elfte Auflage bearbeitet von Dr. **G. Eucken-Addenhausen,** Geh. Reg.-Rat und vortr. Rat im Reichsamte des Innern. 1905. 3 M.

21. Die **Konsulargesetzgebung.** Von Professor Dr. **Ph. Zorn.** Zweite Auflage. 1901. 3 M.

22a. **Patentgesetz.** Nebst Ausführungsbestimmungen, völkerrechtlichen Verträgen und der Patentanwalts-Ordnung unter eingehender Berücksichtigung der Rechtsprechung des Reichsgerichts und der Praxis des Patentamts. Erläutert von Prof. Dr. **R. Stephan,** Geh. Reg.-Rat, Mitglied des Kaiserlichen Patentamts. Sechste Auflage. 1904. 2 M.

22b. Gesetz zum **Schutz der Warenbezeichnungen.** Nebst Ausführungsbestimmungen. Von Dr. **R. Stephan,** Geh. Reg.-Rat, Mitglied des Kaiserlichen Patentamts. Vierte Auflage. 1899. 1 M.

23. **Gewerbe-Unfallversicherungsgesetz.** Von weil. Dr. **E. v. Woedtke.** Achte neubearbeitete Auflage von **Franz Caspar,** Direktor im Reichsamt des Innern. 1904. 2 M. 50 Pf.

24. **Aktiengesellschaft und Kommanditgesellschaften auf Aktien.** (Handelsgesetzbuch, II. Buch, Abschnitt 3 und 4.) Mit Anmerkungen von **H. Keyssner,**

Kammergerichtsrat und Dr. **H. Veit Simon,** Rechtsanwalt. Fünfte Auflage. Bearbeitet von Dr. **Hugo Keyssner** und **L. Keyssner.** 1900. 2 M. 25 Pf.

25. **Brausteuergesetz** vom 3. Juni 1906 mit Ausführungsvorschriften. Von **A. Düffe,** Obersteuerkontrolleur. 1907. 3 M.

26. Die Reichsgesetzgebung über **Münz- und Notenbankwesen,** Papiergeld, Prämienpapiere und Reichsschulden. Von Dr. jur. **R. Koch,** Präsident des Reichsbankdirektoriums Fünfte Auflage. 1905. 3 M.

27. Die Gesetzgebung, betr. das **Gesundheitswesen** im Deutschen Reich für Behörden, Aerzte 2c. Von Dr. jur. **C. Goesch** und Dr med **J. Karsten.** 1888. 1 M. 60 Pf.

28. **Bau-Unfallversicherungsgesetz.** Vom 30. Juni 1900. Von **R. Chrzescinski,** Kaiserl. Regierungsrat. Dritte Auflage. 1900. 2 M.

29. Reichsgesetz, betr. die **Erwerbs- und Wirtschaftsgenossenschaften.** Von **L. Parisius** und Dr. **H. Crüger.** Elfte Auflage bearbeitet von Dr. **H. Crüger.** 1905. 1 M. 50 Pf.

30 **Invalidenversicherungsgesetz** vom 13. Juli 1899. Von weil. Dr. **E. v. Woedtke.** Zehnte Auflage bearbeitet von Regierungsrat **H. Follmann.** 1906. 4 M.

31. **Gewerbegerichtsgesetz.** Von Stadtrath **L. Mugdan.** Sechste Auflage bearbeitet von **W. Cuno,** Erstem Bürgermeister zu Hagen i. W. 1906. 2 M. 20 Pf.

32. Reichsgesetz, betr. die **Gesellschaften mit beschränkter Haftung.** Von **L. Parisius** und Dr. **H. Crüger.** Neunte Auflage. 1906. 1 M. 40 Pf.

33. **Vereins- und Versammlungsrecht** in Deutschland. Von Dr. **E. Ball,** Rechtsanwalt. 1894. 2 M. 25 Pf.

34. Reichsgesetz, betreffend die **Abzahlungsgeschäfte.** Vom 16. Mai 1894. Von **J. Hoffmann.** Zweite vermehrte Auflage besorgt von Dr. **E. Wilke,** Landgerichtsrat. 1901. 1 M. 20 Pf.

35. Die **Reichs-Eisenbahngesetzgebung.** Von **W. Coermann,** Kaiserl. Amtsrichter. 1895 2 M. 25 Pf.

36. Gesetze, betr. die **privatrechtlichen Verhältnisse der Binnenschiffahrt und der Flößerei.** Erläutert von **H. Makower.** Dritte Auflage bearbeitet von **E. Löwe,** Landgerichtsrat. 1903. 3 M.

37. Gesetz zur **Bekämpfung des unlauteren Wettbewerbes.** Vom 27. Mai 1896. Von Dr. **R. Stephan,** Geh Regierungsrat. Dritte Auflage. 1903. 1 M.

38/39. **Bürgerliches Gesetzbuch nebst Einführungsgesetz.** Nach dem Tode des ursprünglichen Herausgebers Reichsgerichtsrats a. D. Dr. **A. Achilles** in Verbindung mit Professor Dr. **André,** Landrichter

Ritgen, Landrichter **Strecker,** Ober-Regierungsrat Dr. **Unzner** herausgegeben von Geh. Ober-Justizrat **Greiff.** Fünfte Auflage. 8°. 1906. 6 M. 50 Pf. **Dieser Band ist in größerem Format erschienen!**

40. Gesetz, betr. die **Pflichten der Kaufleute bei Aufbewahrung fremder Wertpapiere (Depotgesetz).** Mit Erläuterungen. Von **F. Lusensky,** Geh. Ober-Regierungsrat. Zweite Auflage. 1905. 1 M.

41. **Börsengesetz.** Vom 22. Juni 1896. Nebst Ausführungsbestimmungen. Unter Mitwirkung des Direktors im Reichsamt des Innern **A. Wermuth** bearbeitet von Regierungsrat **H. Brendel.** 1897. 1 M. 50 Pf.

42. **Grundbuchordnung** nebst den preußischen Ausführungsbestimmungen. Mit Einleitung. Von Professor Dr. **O. Fischer.** Fünfte Auflage. 1906. 2 M.

43. Die Gesetzgebung, betr. die **Zwangsvollstreckung in das unbewegliche Vermögen** im Reiche und in Preußen. Mit Einleitung, Kosten- und Gebührentabellen. Von Dr. **J. Krech,** Kaiserl. Geh. Regierungsrat und Professor Dr. **O. Fischer.** Fünfte Auflage. 1907. 2 M.

44. Das Reichsgesetz über das **Auswanderungswesen** vom 9. Juni 1897 nebst Ausführungsverordnungen und Anlagen. Unter Benutzung amtlicher Quellen. Von Professor Dr. **Felix Stoerk.** 1899. 2 M. 25 Pf.

45. Das **Entmündigungsrecht** unter Berücksichtigung der für Preußen geltenden Vorschriften nebst der preußischen Justiz-Ministerial-Verfügung vom 28. November 1899. Text der zivil- und prozeßrechtlichen Bestimmungen mit Erläuterungen von Landgerichtsrat Dr. **P. Koll** in Cöln. 1900. 1 M. 50 Pf.

46. Die Gesetze des Reiches und Preußens über die **freiwillige Gerichtsbarkeit.** Mit Einleitung von **Herm. Jastrow,** Amtsgerichtsrat. Vierte Auflage. 1906. 3 M.

47. Das **deutsche Vormundschaftsrecht** und das preuß. Gesetz über die Fürsorgeerziehung Minderjähriger nebst den dazu gehörigen preußischen Nebengesetzen. Mit Einleitung und Erläuterungen von **Max Schultzenstein,** Oberverwaltungsgerichtsrat und Amtsgerichtsrat Dr. **Paul Köhne.** Zweite Auflage. 1901. 3 M.

48. Gesetze und Verordnungen, betr. den **Drogen-, Gift- und Farbenhandel** außerhalb der Apotheken. Von Dr. **Broh,** Rechtsanwalt. 1899. 1 M. 25 Pf.

49. Deutsche **Kolonialgesetzgebung.** Von Professor Dr. **Philipp Zorn.** 1901. 4 M. 50 Pf.

50. Der **Viehkauf** (Viehgewährschaft) nach dem Bürgerlichen Gesetzbuche. Mit Erläuterungen von Rechtsanwalt Dr. **H. Stölzle.** Nebst Verordn. betr. die Hauptmängel und Gewährsfristen beim Viehhandel. Von **H. Weiskopf,** Königl. Kreistierarzt in Augsburg. Dritte Auflage. 1904. 3 M.

51. **Hypothekenbankgesetz** vom 13. Juli 1899. Von Dr. **H. Göppert,** Gerichts-Assessor. 1900. 1 M. 80 Pf.

52. Gesetz, betreffend die gemeinsamen **Rechte der Besitzer von Schuldverschreibungen.** Von Dr. **Heinrich Göppert,** Gerichts-Assessor. 1900. 2 M.

53. **Reichspreßgesetz** vom 7. Mai 1874 nebst den einschlägigen Bestimmungen des Strafgesetzbuchs, der Gewerbeordnung 2c. Kommentar von **A. Born,** Polizeiassessor. 1900. 1 M. 50 Pf.

54. Die Reichsgesetzgebung über den Verkehr mit **Nahrungsmitteln, Genußmitteln** und **Gebrauchsgegenständen.** Von Dr. **Georg Lebbin,** Nahrungsmittelchemiker. 1900. 2 M. 25 Pf.

55. Das Recht der **Beschlagnahme von Lohn- und Gehaltsforderungen.** Auf Grundlage der Reichsgesetze vom 21. Juni 1869 u. 29. März 1897 und der Civilprozeßordnung. Von Rechtsanwalt **Georg Meyer.** Zweite Auflage. 1904. 2 M.

56. Gesetz, betr. die **Bekämpfung gemeingefährlicher Krankheiten.** Nebst Ausführungsbestimmungen. Von Dr. **Bruno Burkhardt,** Regierungsrat, Mitglied des Kais. Gesundheitsamts. 1900. 1 M. 40 Pf.

57. **See-Unfallversicherungsgesetz.** Von **Dr. Max Mittelstein,** Oberlandesgerichtsrat in Hamburg. 1901. 2 M.

58. **Das Recht der unehelichen Kinder.** Ausgabe aller einschlägigen Bestimmungen des BGB. Von **Hermann Jastrow,** Amtsg.-Rat. 1901. 1 M. 80 Pf.

59. Reichsgesetz über die **Beurkundung des Personenstandes und die Eheschließung.** Von Dr. **F. Fidler,** Amtsgerichtsrat. 1901. 1 M. 80 Pf

60. Gesetz, betreffend das **Urheberrecht an Werken der Litteratur und der Tonkunst.** Von Gerichtsassessor **Otto Lindemann.** 1901. 1 M. 50 Pf.

61. Gesetz über das **Verlagsrecht.** Von Justizrat **Ernst Heinitz.** 1901. 1 M. 50 Pf.

62. Gesetz über die **privaten Versicherungsunternehmungen.** Von **H. Königе,** O.L.G.-Rat 1901. 3 M.

63. **Gesetzestafel des Deutschen Reichsrechts.** Systematisch geordnete Nachweisung des z. Z. geltenden Reichsrechts. Ergänzungsband zu der Guttentag'schen Sammlung Deutscher Reichsgesetze. Von **Hugo Bruhns,** Syndikus. 1902. 2 M. 50 Pf.

64. Gesetzsammlung betr. den **Handel mit Drogen und Giften.** Reichsgesetzl. Bestimmungen und Anhang mit den landesgesetzl. Verordnungen sämtlicher Bundesstaaten. Von Rechtsanwalt **H. Sonnenfeld,** Syndik. d. Berl. Drogisten-Innung. 1902. 3 M.

65. Das **Weingesetz** vom 24. Mai 1901. Mit Ausführungsbestimmungen erläutert von Dr. **Georg Lebbin,** Handels- und Gerichtschemiker zu Berlin. 1902. 1 M. 50 Pf.

66. Die **Eisenbahn-Gesetzgebung.** Von **W. Pietsch,** Geh. exp. Sekretär im Reichs-Eisenbahn-Amt. 1902. 5 M.

67. **Militär-Strafgesetzbuch.** Mit den Entscheidungen des Reichs-Militärgerichts von Dr. **Paul Herz,** Senats-Präsident am Reichs-Militärgericht und Kriegsgerichtsrat Dr. **Georg Ernst.** 1903. 3 M.

68. Das **Fleischbeschaugesetz.** Vom 3. Juni 1900. Mit Ausführungsges. u. Verordnungen im Reiche und in Preußen. Von Dr. **Georg Lebbin,** Gerichtschemiker und Rechtsanwalt Dr. **Georg Baum.** 1903. 4 M.

69. Reichsgesetz über die **Naturalleistungen der bewaffneten Macht im Frieden** nebst den zugehörigen in Preußen geltenden Bestimmungen. Von Regierungsassessor Dr. **Walter v. Hippel.** 1903. 1 M. 25 Pf.

70. Das **Reichs-Haftpflichtgesetz,** betr. die Verbindlichkeit zum Schadensersatz für die bei dem Betriebe von Eisenbahnen, Bergwerken, Steinbrüchen. Gräbereien und Fabriken herbeigeführten Tötungen und Körperverletzungen, vom 7. Juni 1871. Von Regierungsrat Dr. **G. Eger.** 1903. Preis 3 M.

71. **Kinderarbeit in gewerblichen Betrieben,** v. 30. März 1903. Nebst der Preuß. Ausführ.-Anw. v. 30. Nov. u. d. Bek. des Reichskanzlers v. 17. Dez. 1903. Von **H. Spangenberg,** Oberverwaltungsgerichtsrat. Zweite vermehrte Auflage. 1904. 1 M. 60 Pf.

72. **Unfallversicherungsgesetz für Land- und Forstwirtschaft** vom wirkl. Geh. Rat Dr. **E. von Woedtke,** fortgesetzt von Dr. **Alfred Radtke,** Geh. Regierungsrat und Senatspräs. im Reichsversicherungsamt. 1904. 4 M 50 Pf.

73. **Entschädigung für unschuldig erlittene Verhaftung und Bestrafung.** Nebst Anhang, enth. die dazu gehörigen Nebengesetze über Schadensersatz. Von Dr. jur. **A. Romen,** Geh. Kriegsrat und vortr. Rat im Kriegsministerium. 1904. 2 M.

74. Die **Kaufmannsgerichte** nebst den preuß. Ausführungsbestimmungen. Von Dr. **Max Apt,** Syndikus der Korporation der Berliner Kaufmannschaft. Dritte Auflage. 1905. 2 M.

Daraus einzeln: **Preuß. Ausführungsbestimmungen.** 50 Pf.

75. Reichsgesetz über die **Konsulargerichtsbarkeit.** Erläutert von Dr. iur. **A. F. Vorwerk,** Rechtsanwalt in Schanghai. 1905. 2 M.

76. **Die Rechtshilfe im Verkehr mit den ordentlichen Gerichten nach deutschem Reichsrecht.** Zusammenstellung aller in Betracht kommenden Gesetzesstellen. Von Landrichter Dr. **A. Friedländer.** 1906. 1 M. 80 Pf.

77. **Das Reichserbschaftssteuergesetz.** Vom 3. Juni 1906. Von **Ulrich Hoffmann,** Geh. Registrator im Königl. Preuß. Finanzministerium. 1906. 2 M. 60 Pf.

78. **Zigarettensteuergesetz.** Vom 3. Juni 1906. Von Dr. **Cuno,** Gerichtsassessor. 1906. 1 M. 80 Pf.

79. **Die Militärpensionsgesetze** vom 31. Mai 1906 nebst den Ausführungsbestimmungen. Zum praktischen Gebrauch für Heer, Marine und Schutztruppe, bearbeitet Dr. jur. **A. Romen,** Geheimer Kriegsrat und vortr. Rat im Kriegsministerium.
a) I. Teil: Offizierpensionsgesetz.
b) II. Teil: Mannschaftsversorgungsgesetz.
Jeder Teil ist einzeln käuflich.

80. Reichsgesetzgebung über **gerichtliche Registerführung.** Textausgabe der einschlägigen Gesetzesbestimmungen mit Anmerkungen und Sachregister von **Otto Lindemann,** Landrichter. 1906. 3 M.

81. Gesetz, betr. **Urheberrecht an Werken der bildenden Künste und der Photographie.** Von Dr. **Ludw. Fuld,** Rechtsanwalt. 1907. ca. 1 M. 20 Pf.

Guttentag'sche Sammlung

Preußischer Gesetze.

Text-Ausgaben mit Anmerkungen. Taschenformat

---

1. Die **Verfassungs-Urkunde** für den Preußischen Staat. Mit Einleitung, vollständigem Kommentar. Von Prof. Dr. **Adolf Arndt.** Fünfte Auflage. 1904. 3 M.

2. Preußische **Beamten-Gesetzgebung.** Enthaltend die wichtigsten Beamtengesetze in Preußen. Von **C. Pfafferoth.** Vierte, neubearb. Auflage. 1905. 2 M.

3. **Die Aufnahme des Notteſtaments** durch die bestellten besonderen Urkundspersonen. Anweisung vom 15. März 1904. Erläutert mit Musterbeispielen und einem Abriß des Erbrechts von Amtsgerichtsrat **C. Kurtz.** 1904. 1 M. 50 Pf.

4. **Gebührenordnung** für **Notare** vom 25. Juni 1895 nebst den einschlägigen Vorschriften des Preußischen Gerichtskostengesetzes. Von **R. Sydow.** Zweite Auflage bearbeitet von Dr. **E. Mosler,** Gerichtsassessor. 1900. 1 M. 50 Pf.

5. Gesetz vom **24. April 1854 (betr. die außerehel. Schwängerung).** Von Dr. **Schulze.** 1873. 75 Pf. Gültiges Recht siehe: Reichsgesetze Nr. 58

6. Die Preuß. **Ausführungsgesetze und Verordnungen zu den Reichs-Justizgesetzen.** Von **R. Sydow.** Dritte vermehrte Auflage. 1895 2 M. 40 Pf.

Siehe Seite 22, **Busch**, Ausführungsgesetze

7. Allg. **Gerichtsordnung** vom 6. Juli 1793 und Preuß. **Konkursordnung** vom 8. Mai 1885. Von **F. Vierhaus,** Geh. Ober-Justizrat. Vergriffen.

8. **Vormundschaftsordnung.** Von **F. Schultzenstein.** Gültiges Recht siehe: Reichsgesetze Nr. 47.

9. Die Preußische **Grundbuchgesetzgebung.** Von Prof. Dr. **Fischer.** Vergriffen. Siehe: Reichsgesetze Nr. 42.

10. **Einkommensteuergesetz.** Von **A. Fernow,** Geh. Finanzrat. Sechste Auflage. 1906. 3 M.

11. **Gewerbesteuergesetz.** Von **A. Fernow,** Geh. Finanzrat Vierte, vermehrte u. verb. Auflage. 1905. 2 M

12. **Allgemeines Berggesetz** für die Preußischen Staaten vom 24. Juni 1865 nebst den preußischen Berggesetznovellen. Mit Einleitung, Erläuterungen und Sachregister bearbeitet von **W. Westhoff** und **W. Schlüter.** 1906. 4 M.

13. **Ergänzungssteuergesetz** (Vermögenssteuergesetz). Von **A. Fernow,** Geh. Finanzrat. Dritte vermehrte Auflage. 1901. 1 M. 50 Pf.

14. **Kommunalabgabengesetz.** Vom 14. Juli 1893 und Gesetz wegen Aufhebung direkter Staatssteuern. Von Dr. **F. Adickes,** Oberbürgermeister. Vierte Auflage. 1906. 1 M. 50 Pf.

15. Die **Kreisordnungen** für den Preußischen Staat. Von **O. Kolisch,** Landgerichtsrat. 1894. 4. M.

16. **Konzessionierung gewerblicher Anlagen.** Preuß. Ausführungs-Anweisung zu §§. 16 u. ff. der Gewerbe-Ordnung. Von Dr. **W. v. Rüdiger,** Geh. Regierungs- u. Gewerberat. Zweite Auflage. 1901. 2 M.

17. Preußisches **Gerichtskostengesetz.** Mit Kostentabellen. Von Dr. **P. Siméon,** Landrichter. Vierte Auflage. 1904. 2 M. 25 Pf.

18. Preußisches **Stempelsteuergesetz** vom 31. Juli 1895. Mit den gesamten Ausführungsbestimmungen und vollständigen Tabellen. Von **P. Loeck,** Regierungsrat. Fünfte Auflage. 1901. 5 M.

Dieser Band ist in größerem Format erschienen.

19. Das **Jagdscheingesetz.** Mit ausführlichen Erläuterungen. Von **F. Kunze,** Wirklichem Geh. Ober-Regierungsrat. Zweite Auflage. 1899. 2 M.

20. Die **preußischen Erbschaftssteuergesetze.** Unter Berücksichtigung der Novelle vom 31 Juli 1895. Von **U. Hoffmann,** Geh. Registrator im Königl. preuß. Finanzministerium. 1905. 4 M.

(Reichserbschaftssteuergesetz s. Reichsgesetze Nr. 77.)

21. Gesetz über die **Handelskammern.** Vom 19. August 1897. Mit Erläuterungen von **F. Lusensky,** Geh. Regierungsrat. 1897. 3 M.

22. Gesetz, betr. **Anstellung und Versorgung der Kommunalbeamten.** Mit Ausführungsanweisung. Von Dr. **W. Ledermann,** Magistratsassessor zu Berlin. 1899. 1 M. 25 Pf.

23. **Ausführungsgesetz zum Bürgerlichen Gesetzbuche.** Von Landrichter Dr. **P. Siméon.** 2. Aufl. 1905. 1 M. 80 Pf.

24. Die **Hinterlegungsordnung** in der Fassung des Ausführungsgesetzes z. BGB. v. 20. Sept. 1899 nebst Ausführungsbestimmungen. Von Regierungsassessor Dr. **Georg Bartels.** 1900. 1 M. 50 Pf.

25. **Preußische Kommunalbeamtengesetzgebung.** Von Magistr.-Assess. Dr. **Fr. Kremski,** Berlin. 1901. 3 M.

26. Die Preußischen Gesetze über das **Diensteinkommen der Lehrer und Lehrerinnen, ihren Ruhegehalt und die Fürsorge für ihre Hinterbliebenen,** sowie einer Tabelle zur Berechnung der Ruhegehalts-, Witwen- und Waisenbezüge. Von Dr. **Ed. Cremer,** Beigeordneter. 1900. 2 M. 40 Pf.

27. Gesetz, betreffend die **Warenhaussteuer.** Von Geh. Ober-Finanzrat Dr. **G. Strutz.** 1900. 1 M. 20 Pf.

28. Gesetz über die **Fürsorgeerziehung Minderjähriger.** Nebst Ausführungsanweisungen. Von Landgerichtsrat Dr. **P. F. Aschrott.** 1901. 2 M. 80 Pf.

29. Gesetz, betr **die ärztlichen Ehrengerichte, das Umlagerecht und die Kassen der Aerztekammern.** Von Amtsgerichtsrat Dr. **Fidler.** 1901. 1 M. 50 Pf.

30. Die das **Preußische Staatsschuldbuch** und **Reichsschuldbuch** betr. Gesetze nebst Ausführungsbestimmungen. Von Wirkl. Geh. Ober-Finanzrat **J. Mücke,** Mitglied der Staatsschuldenverwaltung. 1902. 2 M.

31 a. **Die geltenden Preußischen Gesindeordnungen.** Herausgegeben in zwei Bänden von **Stephan Gerhard,** Rechtsanwalt in Berlin 1902.

Band I: Gesindeordnung für die altpreußischen Provinzen vom 8. XI. 1810, mit Erläuterungen unter Berücksichtigung der Ergänzungsgesetze und der Rechtsverhältnisse der Gesindevermieter, sowie die Gesindeordnung für Neuvorpommern und Rügen und für die Rheinprovinz. 2 M. 50 Pf.

31b. **Band II:** Gesindeordnungen für Hannover, Schleswig-Holstein, Hessen-Nassau und den Regierungsbezirk Hohenzollern. 2 M. 50 Pf.

32. **Die Städteordnung für die sechs östlichen Provinzen Preußens vom 30. Mai 1853 nebst ihren gesetzlichen Ergänzungen.** Von **Dr. jur. Walter Ledermann,** Magistrats-Assessor zu Berlin. 1902. 6 M.

Dieser Band ist in größerem Format erschienen!

33. **Rentenguts- und Anerbenrechts-Gesetzgebung in Preußen.** Von Landgerichtsrat **M. Peltasohn** und Rechtsanwalt **Bruno Peltasohn.** 1903. 3 M.

34. Sammlung der wichtigsten **Preußischen Strafgesetze** nebst Anhang: Gesetz betr. polizeiliche Strafverfügungen vom 23. April 1883. Von **Otto Lindemann,** Amtsrichter. 1903. 2 M. 50 Pf.

Inhalt: Mobiliar-Feuerversicherung — Chausseegeld — Jagdpolizei — Jagdschein — Wild-Schonzeit — Fischerei — Versammlungs- u. Vereinigungsrecht — Belagerungszustand — Gesindedienstpflichten — Mineraliengewinnung und -Aneignung — Schlachthäuser — Dampfkesselbetrieb — Wandergewerbebetrieb — Reblausverbreitung — Forstdiebstahl — Wald- u. Wassergenossenschaften — Feld- u. Forstpolizei — Lotteriespiel — Verkehrsabgaben — Landestrauer.

35. **Geschäftsordnung für Gerichtsvollzieher.** Gerichtsvollzieherordnung und Gebührensätze von Amtsgerichtssekretär a. D. **Emil Exner.** 1904. 3 M. 50 Pf.

36. Die Gesetzgebung über **Polizeiverordnungen in Preußen** von **Otto Lindemann,** Amtsrichter in Köslin. 1904. 1 M. 50 Pf.

37. Gesetz über die **Enteignung von Grundeigentum** vom 11. Juni 1874 von Landrichter **O. Meyer.** 1905. 2 M.

38. **Kreis- und Provinzial-Abgabengesetz.** Vom 23. April 1906. Von **Fr. Schmidt,** Gemeindevorsteher. 1906. 1 M. 25 Pf.

39. Gesetz betr. die **Unterhaltung der öff. Volksschulen.** Vom 28. Juli 1906. Von **Dr. A. Marcks,** Regierungsrat. 1906. 2 M.

Guttentag'sche Sammlung von Text-Ausgaben mit Sachregister ohne Anmerkungen.

Militärstrafgerichtsordnung für das Deutsche Reich, nebst **Einführungsgesetz** und Gesetz, betr. die Dienstvergehen der richterlichen Militärjustizbeamten und die unfreiwillige Versetzung derselben in eine andere Stelle oder in den Ruhestand. **Militär-Strafgesetzbuch** mit Abdruck der entsprechenden Bestimmungen des Reichs-Strafgesetzbuchs. Zweite Auflage. 1 M. 50 Pf.

Reichsstempelgesetz (Börsensteuergesetz). Mit Tabellen zur Berechnung der Reichsstempelabgaben. 1 M. 50 Pf.

Die Preußischen Ausführungsgesetze zum Bürgerlichen Gesetzbuche und den anderen Reichs-Justizgesetzen nebst Verordnungen, Ministerialerlassen und Geschäftsordnungen. Von **L. Busch,** Kammergerichtsrat. Zweite Ausgabe. 8°. Preis geb. 3 M.

Die Preußischen Ausführungsgesetze zum Bürgerlichen Gesetzbuche und Nebengesetze. Text-Ausgabe ohne Anmerkungen. Fünfte Auflage Taschenformat. Preis geb. in ganz Leinen 1 M. 80 Pf

---

Handbuch des Testamentsrechts

mit zahlreichen Beispielen und Formularen.

Dargestellt von **Heinrich Peiser,** Landgerichtsrat in Danzig. gr. 8°. Preis 8 M., geb. in ganz Leinen 9 M.

J. Guttentag, Verlagsbuchhandlung, G. m. b. H.
in Berlin W 35.

Arndt, Verfassung des Deutschen Reichs. Zweite Auflage. 8⁰. Geb. 4 M. 50 Pf.

Behrens, Handbuch für Vereine. 8⁰. Geb. 1 M.

Born, Das preußische Baupolizeirecht nebst den Bestimmungen des Ansiedelungs-, Feld- und Forstpolizei-, Waldschutz- und Deichgesetzes, sowie dem Fluchtlinien-, Rayongesetz und Ges. über die Zulässigkeit des Rechtsweges gegen polizeiliche Verfügungen. Kommentar. gr. 8⁰. 10 M., geb. 11 M.

Delius, Die Haftpflicht der Beamten. 8⁰. Geb. 2 M

Delius, Die Rechtsverhältnisse der geschlossenen Gesellschaften und Vereine 8⁰. Geb. 1 M. 60 Pf

v. Strauß u. Torney, Straßen-Baufluchten-Gesetz v. 2. Juli 1875. 5. völlig neu bearbeitete Auflage des Kommentars v. **R. Friedrichs.** Geb. 5 M.

Holtgreven und Wolff, Das Wildschadengesetz. Kommentar. 4. Auflage. 8⁰. Geb. 4 M. 50 Pf.

Könige, Handelsgesetzbuch. 8⁰. Geb. 4 M. 50 Pf.

Telegraphenwege-Gesetz. Amtliche Ausgabe. 8⁰. Geb. 1 M.

Wilhelmi, Das Handwerkergesetz. Kommentar. Geb. 6 M.

Winter, Bürgerliches Gesetzbuch nebst Einführungsgesetz unter Einfügung der preußischen Ausführungsbestimmungen. 2. Ausgabe. 8⁰. Geb. 3 M.

Wie leitet man eine Versammlung? Geschäftlicher Handweiser für Vorsitzende. kl. 8⁰ Geb. 1 M.

Schlagwort-Register.

R. = Nummer der Sammlung Deutscher **Reichs**gesetze.
P. = Nummer der Sammlung **Preußischer** Gesetze.
S. = Seite.

FSC
www.fsc.org
MIX
Papier | Fördert
gute Waldnutzung
FSC® C083411

Kolibri 360 GmbH
Ferdinand-Jühlke-Straße 7
99095 Erfurt, Deutschland
produktsicherheit@kolibri360.de